Recuperándose del abuso narcisista

Una guía completa para dejar de ser víctima del abuso narcisista y evitar relaciones tóxicas

LETICIA CABALLERO

Nota legal

El siguiente documento se reproduce a continuación con el objetivo de proporcionar información lo más precisa y confiable posible.

Esta declaración se considera justa y válida tanto por el Colegio de Abogados de los Estados Unidos como por el Comité de la Asociación de Editores y es legalmente vinculante en todo Estados Unidos.

Además, la transmisión, duplicación o reproducción de cualquier parte del siguiente trabajo, incluida la información específica, se considerará un acto ilegal, independientemente de si se realiza de forma electrónica o impresa. Esto se extiende a la creación de una copia secundaria o terciaria del trabajo o una copia grabada y solo se permite con un consentimiento expreso por escrito del editor. Todos los derechos reservados.

La información en las siguientes páginas se considera en general como una descripción veraz y precisa de los hechos y, como tal, cualquier falta de atención, uso o mal uso de los datos en cuestión por parte del lector, hará que las acciones resultantes sean únicamente de su competencia. No hay escenarios en los que el editor o el autor original de este trabajo puedan ser considerados responsables de cualquier dificultad o daño que pueda ocurrirle al lector tras analizar la información aquí descrita.

Además, la información en las siguientes páginas está destinada únicamente a fines informativos y, por lo tanto, debe considerarse como universal. Como corresponde a su naturaleza, la información presentada no garantiza su validez ni su calidad provisional. Las menciones a marcas comerciales se realizan sin consentimiento por escrito y de ninguna manera puede considerarse que hay un respaldo del titular de la marca comercial.

Índice

Introducción

Trastorno de la Personalidad Narcisista, ¿suena a algo serio, verdad? El término nos lleva a las siguientes interrogantes, ¿qué es un trastorno de personalidad? y ¿Qué es el narcisismo? Además de otras preguntas pertinentes que surgen al leer el título del libro, ¿qué es el abuso narcisista?, ¿cómo se manifiesta el abuso narcisista? y ¿cómo saber si soy victima del abuso narcisista?

Para el Centro de Adicciones y Salud Mental, por sus siglas en español, CAT, un trastorno de personalidad es un patrón de comportamiento en el individuo, que lo lleva a percibir el mundo que lo rodea, a experimentar afectividad, ejercer relaciones interpersonales y controlar sus impulsos de una manera poco habitual. De igual manera, la Real Academia Española, define el término narcisismo, como una excesiva complacencia que tiene un sujeto sobre sus propias facultades u obras realizadas en su vida.

Sin duda alguna, en algún momento de nuestras vidas nos hemos topado con personas que tenían una opinión demasiado favorable de sí mismas y cuya conducta escapaba a los parámetros de normalidad, establecidos por la sociedad o por nosotros mismos. Sin embargo, percibir a alguien como distinto y poseedor de un gran ego, no son argumentos suficientes para diagnosticar un Trastorno de Personalidad Narcisista.

Desgraciadamente, el término narcisista ha sido utilizado de manera errónea y con tanta facilidad en los medios de comunicación y, por consiguiente, en la vida cotidiana, que su término ha pedido valor y se ha malinterpretado. Es cierto que una persona narcisista puede ser aquella que cada cierto tiempo se mira a un espejo para verificar cómo luce, o aquella persona que no para de tomar fotografías de sí misma, o aquel sujeto que monopoliza una conversación, para solo hablar sobre sus propósitos y triunfos, sin ceder espacio para nada más. Lo que no puede ser cierto es que todas estas personas cumplen con las características necesarias para ser diagnosticadas con un trastorno de personalidad.

De acuerdo a diversos estudios médicos se plantea que la población narcisista patológica apenas alcanza el 1% de la población mundial. El 1% puede parecer un número insignificante, pero al tomar en cuenta que la muestra de la población, de la cual se toma, está conformada por millones, el número cobra relevancia. El 1% de la población mundial equivale a cientos de miles de personas.

Lo anterior significa que si bien no todas las personas que consideramos demasiado ensimismadas y encantadas consigo mismas, son de hecho narcisistas, puede que varías si cumplan con todos las características y requisitos para ser oficialmente diagnosticadas, por un especialista en salud, con Trastorno de la Personalidad Narcisista.

Ahora, algunos especialistas señalan que únicamente entre el 2% y el 16% de las personas con un trastorno de personalidad de índole narcisista, son informadas de su situación y tratadas por un experto en la materia. Eso quiere decir que el resto de la gente narcisista no sabe qué lo es.

Antes de recibir el nombre médico por el campo de la psiquiatría, el Trastorno de la Personalidad Narcisista fue nombrado históricamente como megalomanía, antes de recibir su nombre oficial por parte del psicoanalista austriaco Heinz Kohut en 1968. Por megalomanía se puede entender un patrón arraigado de comportamiento donde la persona cree ser, cuando menos, perfecta y busca que todas las personas que le rodean coincidan con dicha opinión acerca de su persona, reconociendo su grandiosidad a cada instante. La conducta de megalomanía, al igual que el actual trastorno narcisista, se caracteriza porque los pacientes tienen una falta de empatía hacia su entorno, incluyendo a las personas más cercanas a ellos.

En este libro abordaremos el Trastorno de la Personalidad Narcisista como una patología que puede dañar severamente a las personas que, sabiéndolo o no, han sido víctimas de abuso por parte de personas con dicho trastorno de personalidad. Al relacionarse con personas que tienen una percepción de la realidad alterada, es común que se salga herido de múltiples maneras.

En este libro abordaremos qué es la personalidad narcisista, cómo identificar a un narcisista, conocer las motivaciones que guían la conducta de las personas con este trastorno, cómo evitar o recuperarse de una relación de abuso narcisista y cuáles son las consecuencias a corto y largo plazo para las víctimas de abuso narcisista.

Es importante señalar que en una relación de abuso narcisista existen dos víctimas. El narcisista es víctima de un trastorno de personalidad, que él no pidió padecer y que le aleja de la oportunidad de establecer relaciones afectivas, escolares, laborales y de cualquier otra índole, de una manera saludable. Para diversos especialistas en el tema, el trastorno narcisista puede surgir como un mecanismo de defensa ante una experiencia de pérdida y abandono.

Por el otro lado, las personas que conviven con un narcisista, ya sean sus familiares, amigos o parejas sentimentales, se ven afectados por el comportamiento egocéntrico y la falta de empatía que el narcisista puede mostrar.

Utilizando una metáfora un poco cruel, podemos equiparar el abuso narcisista con una decapitación. En una decapitación, sufre la víctima, porque obviamente pierde la vida a manos de un verdugo que arranca su cabeza de un solo golpe y sufre el verdugo, que tendrá que vivir toda su vida con el cargo de conciencia de arrebatar la existencia a otra persona, teniendo que soportar la sangre de la víctima en sus manos.

Se podría alegar, con justa razón, utilizando la metáfora anterior, que quien fallece pierde más que aquel que vive, pues el verdugo bien o mal sigue teniendo una oportunidad de intentar ser una mejor persona, cuando para el decapitado se han acabado todas sus posibilidades. Lo cual es muy cierto, en una relación de abuso narcisista existen dos víctimas, pero hay una que pierde más que la otra. Una persona que se ve sometida a un maltrato psicológico o físico por parte de un abusador pierde su tiempo, su autoestima y, muchas veces, su propia dignidad. Lo que esta persona no puede perder, bajo ninguna circunstancia, es la libertad de cómo reacciona ante las cosas que le ocurrieron.

Lo que esta lectura pretende aportar es información pertinente sobre el trastorno, para que la víctima del abuso narcisista pueda entender mejor qué fue lo que ocurrió y por qué no comprendió antes lo que le hacía el narcisista, entenderá por qué no pudo zafarse antes de una relación que la dañaba, además de adquirir herramientas para perdonarse a sí misma y, de ser posible, a su agresor, por la relación de abuso a la cual fue sometida.

Por lo anterior, a lo largo de este libro, se ejemplifican casos como si fuese el lector mismo una víctima del abuso narcisista. ¿Eres tú una víctima? ¿Eres un familiar o pareja de una víctima de abuso narcisista? ¿Acaso eres una persona recién diagnosticada con este trastorno? ¿Sospechas que algún miembro de tu familia, tal vez tu padre, es un narcisista? ¿Crees tú mismo serlo, porque no te explicas porque todas las personas a tu alrededor se alejan de ti, diciendo que eres egoísta, incapaz de ver por nada más que no sean tus propios intereses?

Sea cual sea tu situación, para estar seguro de que estás lidiando con el Trastorno de Personalidad Narcisista, responde las siguientes preguntas con sinceridad, ya sea que tu objeto de estudio seas tú mismo, tu pareja, tus padres, tus hijos, algún miembro de tu familia, de tu comunidad o de tu entorno laboral. Piensa muy bien tus respuestas:

1. ¿Se cree más importante que las demás personas?

2. ¿Tiene fantasías sobre adquirir desmedidamente éxito, fortuna, poder, belleza o amor?

3. ¿Se considera especial y único? ¿Piensas que no todas las personas son iguales, que unas son más valiosas que otras y que una

persona inteligente únicamente se relacionaría con la clase adecuada de personas?

4. ¿Respeta a las personas únicamente por el rango que ocupan dentro de su entorno?

5. ¿Requiere atención y elogios constantes? En caso de no conseguir alguno de ellos, ¿tiende a la tristeza, a la desesperación o al enojo?

6. ¿Le preocupa en demasía la opinión que otras personas pueden tener sobre su persona?

7. ¿Cree que la vida le debe algo o que los demás están endeuda?

8. ¿Espera que las personas le ayuden a satisfacer sus deseos y se preocupen por sus necesidades?

9. ¿Explota a los miembros de su círculo más cercano? ¿Quiere que esas personas hagan, digan y piensen de una manera específica?

10. ¿Puede identificar cómo se sienten otras personas y sentir sus mismos sentimientos?

11. ¿Siente envidia por el estilo de vida de otra persona, por sus triunfos, logros o condiciones actuales?

12. ¿Se considera una persona arrogante y prepotente?

No es un test incorruptible, pero si la respuesta a siete o más de las doce preguntas anteriormente enlistadas ha sido un sí, es muy probable que estés lidiando con el Trastorno Narcisista de la Personalidad.

Una de las características de las personas con Trastorno Narcisista es que tienden a tener relaciones conflictivas. Un dicho popular reza que el daño atrae más daño. Así como el narcisista tiene un perfil definido de conducta e ideas, también es común que las víctimas de abuso narcisista tengan cierto patrón de comportamiento instaurado.

Las características más comunes de las personas más propensas a volverse víctimas de un abuso narcisista es un carácter que tiende a la codependencia, una baja autoestima y una necesidad compulsiva de complacer a los demás, combinada con una obsesión por sabotearse a sí mismas, ya sea de manera consciente o inconsciente. Si bien es cierto que cualquier persona puede ser propensa a involucrarse en una relación de abuso narcisista, también es cierto que es menos probable que una persona madura, centrada, con una autoestima sana, no reconozca a tiempo las señales de alarma de un abusador narcisista, las cuales provocarán que a la menor oportunidad se aleje de esa persona.

Un narcisista es capaz de identificar a una persona con una baja autoestima, porque el mismo, o ella misma, tiene una baja autoestima.

Los narcisistas esconden una frágil y pobre valoración sobre sí mismos, detrás de una máscara de autosatisfacción y amor propio.

Se habla comúnmente de una persona con trastorno narcisista en masculino porque son los hombres el grupo demográfico más propenso a padecer este trastorno, sin embargo, no son los únicos. El Trastorno de Personalidad Narcisista puede afectar por igual a hombres, mujeres y cualquier persona que no quiera clasificar su género de acuerdo a las etiquetas habituales de la sociedad. El trastorno narcisista puede manifestarse sin importar el color de piel, la ubicación geográfica, sexo, género, preferencias sexuales, estatus socioeconómico, religión e ideología política de una persona.

La única variable que atañe al Trastorno Narcisista de la Personalidad es la edad. Para el psicoanalista Sigmund Freud, la etapa narcisista es una etapa común en la primer infancia de cada individuo. Todos los niños tienen que sentirse, en algún momento, el centro del mundo, por la atención que sus padres y el entorno les brinda. Lo que no es normal es que ese egocentrismo se desarrolle hasta llegar a la edad adulta. Un dicho reza que todo niño de cinco años se cree Superman, lo sospechoso comienza cuando es un adulto de 45 años el que cree que él es una especie de Superman mejorado.

Para muchos psicoanalistas, quien sufre de Trastorno de Personalidad Narcisista es considerado un paciente casi intratable, pues a nadie le gusta sentirse el rey del mundo, para que acto seguido, le muestren la realidad de que tan solo es un pasajero de tercera clase, como todos los demás.

Una persona con Trastorno de la Personalidad Narcisista, aunque víctima de su propio cerebro, puede comenzar a experimentar conductas antisociales, que lo hacen en extremo peligroso.

Un narcisista patológico puede mentir, manipular, chantajear, humillar, sobajar, herir e insultar sin piedad a las personas más cercanas de su entorno, con el objetivo de obtener placer, validación y una servidumbre fiel que nunca lo abandone.

Es hacia esa clase de narcisistas y el daño que pueden provocar en aquellas personas que utilizan como objetos, para que cumplan sus gustos, caprichos y deseos, en los cuales nos concentramos en este libro. El abuso narcisista es un asunto real y un grave problema de nuestros días, una persona dominante, obsesiva, compulsiva, necesitada y codependiente puede representar un grave daño para las personas que se ven bajo el yugo de su influjo.

Capítulo Uno:

¿Cómo identificar a un narcisista?

Probablemente lo más difícil de hacer es darse cuenta de que tenemos a un narcisista en nuestra vida, ya que la personalidad narcisista aunque tiene unos rasgos distintivos, estos pueden pasar desapercibidos, si no prestamos la atención suficiente. Parecería que no hay diferencia entre un capricho o un ataque de celos y una personalidad formada, constante y peligrosa, es por eso que se vuelve necesario tener siempre en mente las preguntas: ¿Qué es una personalidad narcisista? y ¿Cómo se ve una personalidad narcisista?

El Trastorno de Personalidad Narcisista se puede describir, de acuerdo al Manual MSD, como un patrón de conducta grandilocuente experimentado por la persona, combinado con una necesidad de admiración y falta de empatía.

Aunque esta descripción puede sonar muy general y ser aplicable para muchas personas dentro de la población, es importante advertir que para poder cumplir con los requisitos básicos para denominar una conducta como trastorno narcisista, este comportamiento debe ser imperante en la vida de la persona y debe cumplir al menos cinco de los síntomas que se enlistan a continuación:

- Exageración sin fundamento del talento y valía personal.

- Preocupación obsesiva por alcanzar la perfección en alguna de las siguiente áreas: belleza, inteligencia, amor o poder.

- Sentirse superiores al resto de las personas, pensar que son sujetos únicos e irrepetibles.

- Necesidad compulsiva de ser siempre el centro de atención.

- Aprovecharse por medio de métodos poco ortodoxos, como el chantaje o la manipulación, de las demás personas con el fin de lograr objetivos egoístas.

- Carecer de empatía, es decir, no preocuparse por los derechos, problemas o necesidades del prójimo.

- Envidiar el estilo de vida y los triunfos de otras personas, por más pequeños que estos sean o aunque no se relacionen directamente con ellos.

- Mostrar un alto nivel de arrogancia.

Yo entiendo la dificultad representa el aceptar que alguien que queremos puede ser un narcisista, el acto de abrir los ojos y ver la realidad es algo doloroso, un evento que resulta impactante y más fuerte de lo que esperábamos, muchas veces pareciera que es imposible de soportar. Es un balde de agua fría ver cómo nos están haciendo daño las personas en las que confiamos, aquellas a las que les abrimos el corazón y les dimos la mano al caminar, pero es mucho más doloroso continuar la vida así, sufriendo en silencio y sin saber qué hacer.

Utilicemos un ejemplo, quizás piensas que tu relación de pareja va muy bien, piensas que ambos se quieren, que tienen grandes momentos juntos, incluso durante largos ratos sientes que son el uno para el otro, claro que como cualquier pareja tienen sus discusiones y, en breves ocasiones, han sido presa de la violencia, pero piensas que eso no es nada comparado con sus grandes momentos. Pero detente y revisa más a fondo todo, quizás te darás cuenta de que esa violencia que se desata es por desacuerdos muy burdos, como: ¿A quién estás mirando? o ¿Quién te manda mensajes? Si observas más profundamente notarás que en los ratos que se encuentran felices es porque realmente solo estás haciendo lo que tu pareja quiere.

¿Es esta una buena vida? ¿Realmente es esta la relación sentimental que quieres en tu vida? Porque solo hace falta que prestes atención suficiente para darte cuenta de que quizá no todo es color de rosa y que, sin notarlo, sin que te hayas percatado de lo que verdaderamente está ocurriendo, has ido disminuyendo tu influencia en la relación solo para asentir y estar de acuerdo en todo lo que dice tu pareja, con el objetivo de no desatar discusiones, para poder mantener ese falso "amor" que piensas que esa persona tiene hacia ti.

Quizás pienses, que estoy siendo muy dramática, yo puedo responder con una pregunta: ¿No estás siendo tú demasiado indulgente? La realidad es que has llegado a este libro guiado por un deseo de ser mejor, por la innegable curiosidad de saber qué es el abuso narcisista.

¿Cómo luce un narcisista?

Es cierto, no podemos luchar contra lo que no vemos, no hay guerra si no existe el enemigo, pero ya hemos llegado al campo donde se libra la batalla y ahora debemos saber contra quién y qué nos enfrentamos. En esto me puedes ayudar, respóndete: ¿Qué te hizo elegir este libro en primer lugar? ¿Fue acaso tu insatisfacción actual? ¿Qué te ocasiona insatisfacción: tu familia, tu pareja, tu trabajo o todo lo anterior? Empieza a pensar en eso y sé muy sincero contigo mismo.

Vamos a utilizar un ejemplo sobre el trabajo. Recuerda que es muy común que todos tengamos quejas de nuestro trabajo, ya que probablemente nos causa estrés y dolores de espalda. Sin embargo, si sientes que no obtienes ninguna satisfacción de tu empleo, que de hecho por lo único que permaneces en ese sitio, es porque necesitas el dinero, es que algo anda mal. Es probable que lo que produzca, ya sea en parte o totalmente, este tipo de pensamientos, sean las personas que están a tu alrededor.

Esas personas que pueden ser tus socios de trabajo, las secretarias o tu jefe pueden estar influyendo en tu personalidad de manera negativa, sin que tú seas consciente de ello. La personalidad narcisista crece en cualquier espacio, sin que las víctimas puedan percatarse de ello en un primer momento. Los narcisistas son como cualquier otra persona, no los puedes reconocer a simple vista sino a través del trato constante, en donde los elementos del narcisismo pueden ir mostrándose, al mismo tiempo que te subyugan.

Las estadísticas dicen que el narcisismo puede afectar a cualquier persona y que, aunque es un grupo de población reducido (1%), este trastorno de personalidad es muy real, puede llegar a afectar muy seriamente las relaciones personales de quien lo padece y dañar severamente a las víctimas del mismo. Otro dato importante de este trastorno es que aunque está reconocido, en los análisis, que afecta frecuentemente a los hombres, las mujeres no están libres de padecerlo y las víctimas pueden ser hombres o mujeres por igual, de cualquier orientación sexual, procedencia étnica, nivel socioeconómico, ideología política y religiosa. Podemos decir que es un trastorno bastante democrático.

Así que bajo esta información queda claro que cualquiera puede padecer un Trastorno de Personalidad Narcisista. No importa cómo luce una persona, sino sus comportamientos en el día a día con sus allegados. Una persona narcisista puede destacar de entre el resto porque normalmente son personas encantadoras, que atraen las miradas al presentarse como personas interesantes, dinámicas y dignas de atención, pero en el fondo son seres fríos y vacíos. Esto se debe a que los narcisistas tienden a sentir vergüenza de su verdadera naturaleza, por lo cual aparentan una personalidad distinta a la que tienen verdaderamente, para no sufrir dicha vergüenza.

Sí, aunque sea difícil de creer, los narcisistas son en realidad personas débiles, con una autoestima profundamente frágil, lo que les lleva a inventar otra realidad de sí mismos para poder vivir y sobrellevar su profundo vacío y dolor. Desafortunadamente para mantener ese comportamiento, para ser capaces de mantener su status quo, maltratan, subyugan y manipulan a las personas a su alrededor, provocando dolor y confusión en todo aquel que se les acerca.

Por lo cual es importante señalar que, las personas que sufren del Trastorno de Personalidad Narcisista, aunque son capaces de originar un severo daño en aquellas personas que conforman su círculo social más cercano, también son víctimas de sí mismos. Si son sujetos que nunca han sido debidamente atendidos por un especialista de la salud, que pueda indicarles qué es lo que les sucede y cómo modificar, para mejorar, su personalidad, probablemente son personas que viven confundidas y atormentadas.

¿Qué es el narcisismo?

Si bien es importante conocer a qué se refiere el término narcisista, no está de más retomar el significado de esta palabra, para lograr un mejor entendimiento de este trastorno de personalidad.

Narciso, es parte de la mitología griega, la versión clásica de este relato surgió de mano de Ovidio. Él cuenta la historia de Narciso, un joven que enamoraba, por su aspecto, a hombres y mujeres por igual. La tragedia llegó a la vida de Narciso cuando, sin proponérselo, enamora a la ninfa Eco y él rechaza su amor. Como castigo de parte de los dioses, Narciso quedó maldecido a ser capaz de enamorarse únicamente de sí mismo, es decir, a solo sentir atracción por su propio aspecto.

Este castigo fue orquestado por parte de Némesis, la diosa de la venganza. Un día, Narciso, cautivado perdidamente por su propio reflejo, que brotaba de las aguas del río, quiso alcanzarlo, cayendo en el fondo del agua y muriendo al instante. En aquel sitio del río, donde cayó el joven, creció una flor, que desde entonces fue nombrada en honor al personaje.

Aunque la historia de Narciso es conocida por la mayoría de las personas en el mundo, no logró interés clínico o relevancia científica, hasta que Sigmund Freud la nombró en su libro de ensayos *"El trastorno Narcisista"*, en donde explica que todo ser humano pasa por una fase narcisista en su desarrollo durante la infancia. En esta etapa, el niño requiere de mayor atención y precisa reconocimiento por parte de sus padres, para entender su valor como persona y así obtener seguridad en sí mismo para desarrollar una autoestima sana.

Desafortunadamente, como explicaba el psicoanalista vienés, no todas las personas logran superar esta fase y, por diversos motivos, que pueden explicarse por sus conexiones cerebrales o por los distintos estimulantes externos que obtienen en su desarrollo, varios seres humanos no terminan por cerrar este ciclo y tienden a repetir este tipo de comportamiento a lo largo de la edad adulta. A esto se le conoce como Trastorno de la Personalidad Narcisista y pertenece al grupo de enfermedades que afectan a la personalidad de un ser humano, sus semejantes son la ansiedad y el trastorno obsesivo compulsivo.

Así poco a poco vas conociendo más sobre el origen de trastorno, así puedes entenderlo con mayor profundidad. Ahora es menester identificar los signos y síntomas que posee una persona con este trastorno, para entender por qué un narcisista se comporta de la manera que lo hace y qué espera obtener a partir de eso.

¿Por qué un narcisista se comporta de esta manera?

Para poder responder esta pregunta, de manera mucho más precisa, es mejor si te lo explico con una historia. Imagina que existe una carrera de atletismo, para ilustrarlo mejor, imagina una competencia olímpica de 1500 metros, en donde cada corredor tiene su carril determinado y una estrategia que seguir. Todos los participantes están en esta carrera porque han entrenado arduamente y, con mucha disciplina, han logrado clasificar a los juegos olímpicos. Ahora están ante la oportunidad de sus vidas.

Piensa en que cada corredor cuenta con su carril, pero el carril de uno de los corredores está afectado, lleno de baches y le es imposible correr por ahí. Piensa que toda la estrategia que tenía planeada ese corredor es ahora nula, no la puede aplicar porque lo que le presenta la realidad es completamente distinto. No es lo que imaginaba, pero aún así tiene que correr, los juegos olímpicos no se detendrán por él, es entonces cuando su cerebro busca una nueva solución y se inventa una nueva estrategia que le permita hacer frente a su nueva realidad.

La nueva solución que tiene es invadir los carriles de otros corredores, aunque esto afecte las reglas del juego, aunque dañe la carrera y la planeación de los otros corredores, él solo se preocupa por terminar la carrera a la que vino a competir. Entonces, en su cabeza, la solución es correr en el otro carril que no es el suyo, causando un caos en la competencia, dificultado la realización de la carrera y terminando en la cancelación del evento. Al final para él todo funcionó muy bien, no fue el único afectado y logró cumplir el objetivo que tenía trazado: no perder.

Así como la historia del corredor, los narcisistas tienen una realidad, una visión de lo que se supone debe pasar, pero la verdad es que la realidad es completamente distinta a lo que imaginan. Entran en una camino en donde deben cruzar por un puente, pero cuando llegan al río, el puente no existe ni encuentran los materiales necesarios para construir uno. Entonces, los narcisistas, optan por desviar el río, para así poder cruzar y seguir su camino, no importandoles afectar a todo el ecosistema por sus acciones.

La imagen que los narcisistas tienen en su cabeza sobre ellos mismos, muchas veces no tiene nada que ver con la realidad. Ellos se imaginan comos reyes, personas autosuficientes, capaces de enfrentar cualquier problema, creen ser la estrella de la noche, pero desafortunadamente casi nunca es así. Es por eso que la mente de un narcisista opta por crear una realidad propia, en vez de enfrentar la realidad y hacerle frente al dolor que surja de esa realidad. El narcisista prefiere crear una realidad propia, totalmente distorsionada, que le permita subsistir, a pesar de no ser lo que él imagina que es.

Desafortunadamente, este tipo de afectaciones crean comportamientos que terminan por dañar a terceros. Así como el corredor que prefirió invadir carriles y hacer que suspendieran la carrera con tal de no perder, así los narcisistas prefieren afectar a otros, dañarlos, manipularlos, mantenerlos maniatados, para subyugar su voluntad a sus deseos o, de lo contrario, preferirán destruir la relación antes de verse mal o de perder el status quo. El Trastorno de Personalidad Narcisista afecta a quien lo sufre y a sus víctimas, aunque parece un juego o parece una afección de poca importancia, realmente precisa atención para no destruir los entornos y las relaciones de un grupo.

Es verdad que puede ser que estas historias que te cuento solo ilustran ligeramente el por qué del comportamiento narcisista, brindan solo un esbozo de lo que ocurre en la mente de los que lo padecen, pero para dar un vistazo mucho más amplio y a profundidad es preciso mirar ciertos comportamientos específicos, que permiten entender con más empatía a los narcisistas.

Son personas vulnerables

Como te he mencionado lo más sencillo es imaginar que aquellas personas que padecen el trastorno narcisista son personas fuertes y seguras de sí mismas, cuando son todo lo contrario. Los narcisistas son personas que sienten un profunda vulnerabilidad, que los convierte en seres sumamente frágiles, lo que les obliga a alienarse.

Sienten un profunda vergüenza por ellos mismos

Es imposible que los narcisistas puedan recibir comentarios negativos o críticas constructivas hacia su persona, esto debido a que se despierta la aberración que sienten para con ellos mismos. Esta vergüenza tóxica que sienten saca lo peor de ellos mismos para defenderse de los ataques externos. A la persona que sufre del Trastorno Narcisista le cuesta muchísimo aceptar que ha cometido un error o que no ha obrado de manera apropiada, pues no logra separar sus actos de su esencia, si se equivoca generaliza tanto su conducta que cree que toda su vida en general es un error.

Muestran arrogancia

Debido a que las personas con este trastorno se sienten inferiores a todos los demás, imaginan que tienen menos oportunidades que el resto de las personas que los rodea, por ello, tienen que mantener una aura de superioridad frente a los otros, todo con tal de permanecer en su burbuja que les permite seguir viviendo.

Muestran una falta de empatía

Una de las descripciones del Trastorno Narcisista muestra que a estas personas les resulta bastante complicado sentir o desarrollar afecto, cuidados y preocupación por terceros, ya que no pueden y no están dispuestos a identificarse con las necesidades de los demás.

Tienen una profunda sensación de vacío

Los narcisistas encuentran complicado crear una conexión emocional con ellos mismos, por lo que es mucho más difícil conectarse emocionalmente con los demás, por lo que precisan mantener una validación externa que nunca se ve satisfecha. Esto les provoca angustia y una sensación de vacío.

Carecen de límites

Así como en el relato mitológico, los narcisistas solo pueden pensar en ellos mismos, por lo cual las demás personas no existen en su mente. Los narcisistas ven a las personas que les rodean como una representación de ellos mismos, eso les brinda la seguridad de utilizar a la gente para poder cumplir sus propios deseos.

Viven en negación

Para que un narcisista mantenga su visión distorsionada de la realidad, es preciso que niegue la realidad que le rodea, esto lo llena de calma y protege su frágil ego.

Tienden a envidiar

Las personas que sufren de este trastorno de la personalidad, tienen la misión de ser los mejores en todo lo que hagan. Para ellos es imposible disfrutar el éxito de otras personas más que el de ellos mismos, si alguien consigue algo que ellos quieren, su respuesta emocional es maltratar y hacer sentir inferior por quien sienten envidia.

Agreden a las personas que los rodean

Si la percepción del mundo que los rodea le resulta hostil al narcisista, tiende a reaccionar agresivamente contra las personas que están a su alrededor, ya sea en forma de palabras, pensamientos o actos.

Tipos de narcisistas

Una vez que entiendes cómo puede lucir el narcisismo y lograr aceptar el por qué las personas con este trastorno actúan de esta manera, es preciso saber qué tipo de vertientes hay de esta personalidad, ya que cada narcisista presenta distintas características. También debes de tener en cuenta que un narcisista puede presentar una o varias de estas características al mismo tiempo.

Sentido de importancia

Un punto importante del narcisismo es que las personas piensan que son únicos. Esto en su cabeza les despierta un falso sentido de importancia, por lo cual los rodea un halo de arrogancia y les da una supuesta superioridad frente a los demás que de verdad no poseen.

Tienen delirios de grandeza

Gracias a la visión distorsionada que tienen de su propia personalidad, los narcisistas hacen que los hechos no tengan ninguna importancia en su toma de decisiones, así que esto los lleva a vivir en un mundo de fantasía, en el cual se creen más grandes o con mayor poder que los demás.

Necesitan elogios

Al no corresponder su percepción a la realidad, los narcisistas necesitan constantemente de aplausos, que les permitan seguir manteniendo el nivel de autoengaño que requieren para vivir, creando así relaciones unilaterales donde el único importante es el propio narcisista.

Los explotadores

Los narcisistas son incapaces de desarrollar empatía por las personas que los rodean, muchas veces equiparan a las personas con objetos o herramientas que pueden resultarles útiles para sus propósitos. Desafortunadamente, muchas veces los narcisistas no son conscientes de este comportamiento que tienen hacia con los demás.

Tipo de abusos narcisistas

Ahora bien, este tipo de vertientes de personalidades narcisistas generan distintos tipos de abusos entre sus víctimas. Estos abusos físicos o psicológicos pueden combinarse para dañar la autoestima de la víctima.

Abuso verbal

El abuso verbal es ocupado muy comúnmente para menospreciar, intimidar, acusar, culpar, avergonzar, exigir, ordenar, amenazar, criticar, enfurecer, oponerse, socavar, interrumpir, bloquear e insultar a la víctima.

Manipulación de los actos

Este abuso es una agresión encubierta, hace que la víctima se sienta degradada. La manipulación es muy común en padres narcisistas, ya que obligan a sus hijos a vivir según sus expectativas, aunque también puede presentarse en el ambiente de trabajo y en las relaciones de pareja.

Esta manipulación puede ser tan excesiva que puede provocar que quien la sufre llegue a considerar seriamente que el problema lo tiene él o ella, en lugar de quien está abusando de su persona. Una víctima de abuso narcisista puede incluso considerar haber perdido su buen juicio o cordura al desconfiar del narcisista, pues este le asegura que lo único que quiere es apoyarla y que todo lo que hace lo hace por su bien, pero que la víctima por egoísta es incapaz de apreciar los buenos actos.

Chantaje emocional

El manipulador hace que el comportamiento de su víctima hacia él esté determinado por amenazas, ira, advertencias e intimidación. Es una forma de manipulación que los narcisistas ocupan para provocar dudas en su víctima sobre su propia capacidad. Es muy probable que este tipo de chantaje haga que la víctima empiece a desconfiar de sí misma, cayendo así en los juegos del manipulador.

Competitividad extrema

Los narcisistas necesitan competir todo el tiempo para así elevarse por sobre sus iguales, ellos convierten cualquier acto de la vida en una competencia. Cuando los narcisistas salen victoriosos de estas inocuas batallas logran conservar su imaginaria visión de sí mismos.

Buscan contrastar

El nivel de competitividad que poseen los narcisistas los lleva a querer tomar el control de cualquier situación que se les presenta, así buscan destacarse haciendo notar sus aciertos y buscando que se den cuenta de los errores de los demás, solo así conservan el status quo en un grupo social.

Intentan sabotear todo

Una forma que los narcisistas encuentran para mantener su ventaja frente a otros, es buscar crear una interferencia disruptiva hacia los esfuerzos de las demás personas a su alrededor. Ya que son resentidos de los logros de los demás, intentarán a toda costa que nadie pueda conseguir algo antes de que ellos lo hagan.

Estos son solo algunos de los tipos de abusos y comportamientos narcisistas, quizá puedas reconocerlos en ti o en tu grupo social. Ya que son actos que vemos como comunes, pensamos que no pasa nada si los vemos o si los sufrimos, pero la realidad es que estos actos aunque pequeños afectan seriamente el desarrollo emocional de una persona, pueden devenir en relaciones sociales fallidas y llenas de sufrimiento. Así que debes de tener cuidado en cuanto las reconozcas para poder revertirlos y poder llevar tu vida a un área saludable y plena.

¿El narcisismo llega solo a mi vida?

Pareciera que las víctimas del narcisismo, ya seas tú mismo o alguna persona que te rodea, llaman o atraen a abusadores en sus vidas, como si fueran imanes en un mar de metal, pero ¿por qué sucede esto? Si bien debemos de tener en cuenta que el abuso narcisista puede haber iniciado desde las figuras paternas, haciendo que la víctima tome estos comportamientos como ley natural, es preciso reconocer que en realidad un víctima lo es porque quiere evitar cualquier enfrentamiento o molestia hacia la persona que abusa de ella.

Esto no significa, bajo ninguna circunstancia, que la víctima sea culpable del abuso que se ha cometido sobre su integridad física o psicológica, sino que es importante reconocer con cuáles características de comportamiento cuenta una persona, que la hacen más susceptible a un abuso narcisista.

Piénsalo así, si el jefe es un abusador, sus trabajadores dejarán que haga lo que él quiera con tal de no perder sus empleos. O, en una relación de pareja, una mujer que es abusada quizá sienta que si no es su pareja alguien más la va a maltratar y que es mejor malo por conocido que bueno por conocer. Quizás esto llegue a ser peor, quizás esta persona tiene tan afectada su autoestima que piensa que si no es su pareja actual, nunca más podrá encontrar el amor y entonces decide conformarse con lo que tiene.

Las víctimas al sufrir en silencio, buscan refugiarse en brazos o en oídos de otros posibles abusadores, que al enterarse de que alguien es víctima notan que también ellos pueden abusar de la persona. Los narcisistas buscan aprovecharse de las personas para mantener un aliciente en sus amargas vidas. Es, entonces, cuando podemos resumir que una víctima de abuso narcisista parece ser un imán de estos abusos, porque no tiene autocontrol, no ha establecido límites en sus relaciones, cuenta con una muy baja autoestima y es muy probable que sufra de depresión, su sufrimiento la hace propensa de ser abusada, lo cual afecta seriamente sus relaciones actuales y, sobre todo, afecta sus relaciones futuras.

Ahora debes de tener en mente que los narcisistas pueden ser cualquier tipo de persona, pero que tienen rasgos característicos que despertarán alertas en ti. Aún así, si estos rasgos no son suficientes para identificar a un narcisista, también te mostré algunos de los tipos de abuso que se pueden sufrir, junto con el por qué los narcisistas los ocupan y el por qué las víctimas terminan por no darse cuenta inmediatamente. Debes de considerar todos estos factores, repasar constantemente cómo se ven y recordar por qué suceden, si deseas eliminar las consecuencias del abuso narcisista de tu vida.

Capítulo Dos:

Los narcisistas te rodean pero no tienen porque hacerte daño

El amor propio es lo primero que se lleva el narcisista de sus víctimas, lo arranca y lo desvanece de las personas a las cuales somete a su dominio. Destruir la valía de su víctima es la meta principal que tiene un narcisista, pues una vez que ya no se posee amor propio, es muy fácil para el abusador aprovecharse de las personas, obligarlos a hacer lo que a él le plazca y mantenerlos bajo su control.

Los narcisistas se presentan ante la gente de la manera más natural, como socios de trabajo, como amigos o, peor aún, son parte de la familia o son parejas sentimentales. Una manera sencilla de detectar a un narcisista es aceptar que el amor que dice profesar, realmente puede ser odio, resentimiento o envidia disfrazado. Un narcisista solo puede mirar por sí mismo y odia a quienes le roban la atención, por lo que hará lo que sea necesario, conciente o inconscientemente, para apagar la luz de los demás.

Ahora quizás puedas recordar, si es que estás siendo víctima del abuso narcisista en este momento, cuando fue que se acercó a ti esa persona que te tiene preso, en el trabajo o en la calle. Tal vez todo empezó como una gran amistad, algo que te hacía bien pero que en algún punto algo se torció en el camino y, sin darte cuenta, empezaste a ceder en ciertas cosas, empezaste a dar más de ti de lo que tú recibes de su parte, empezaste a complacer en vez de disfrutar.

Tal vez sí te concentras un poco más, puedas recordar cuál fue el momento exacto en que tu abusador dio el primer paso para subyugar tu voluntad. ¿Cómo fue? Puedo apostar que fue un acto casi inocente que probó que tan dispuesta o dispuesto estabas en ceder y por no perder la amistad, la relación o el amor, cediste, pues no sabías que ese pequeño paso te llevaría a un sufrimiento mayor.

Los narcisistas, aunque pueden iniciar de una manera inocente, tienden a someter a sus víctimas de distintas maneras, a veces terminan siendo muy crueles, pero todo esto lo realizan con la misma finalidad: sentirse ellos más valiosos y menospreciar a su víctima a toda costa. El abuso va creciendo de manera paulatina, dependiendo de qué actividades, palabras y actos va soportando la víctima. Entre una persona más se acostumbra al maltrato, quien ejerce el abuso se va sintiendo cada vez más cómodo para incrementar los niveles de violencia.

Es determinante conocer qué tipo de narcisista tenemos enfrente porque aunque su finalidad es la misma, el nivel de crueldad con el que realizan el abuso es distinto, al igual que las razones del por qué lo realizan tienden a variar, por lo que para defenderse, de la mejor manera, es preciso conocer a qué nos estamos enfrentando.

Mirar de frente al narcisista y saber qué es lo que pasa en su cabeza, puede convertirse en nuestra principal arma contra ellos, una defensa infalible que nos ayudará en la liberación de nuestro espíritu. Hacer frente a una persona narcisista nunca es simple, ya que los abusadores son expertos manipuladores que ocupan lo que esté a su alcance para confundir a su víctima. Los narcisistas crean un ambiente hostil del que sacan provecho, por su maestría en torcer los hechos e inventar una realidad que no existe, con el solo fin de confundir y apresar más a las personas. Debes de tener cuidado, una técnica de defensa, para no caer en su juego, es la paciencia.

Describiendo el narcisismo

Los narcisistas van moldeando a sus víctimas a su voluntad, es común para ellos someter a las personas sin que se den cuenta, poco a poco van enredando a los demás en su juego, esto puede ser de distintas maneras dependiendo del tipo de narcisista.

Ahora presentaré un vistazo muy global de los grandes grupos de narcisistas que se pueden encontrar, estos grupo están descritos por Freud y han sido un tema de estudio, tanto en el psicoanálisis como en toda la gama de la psicología. Se ha catalogado al narcisismo como un trastorno de personalidad. No debes olvidar que, como cualquier cosa en la ciencia, todo puede cambiar, ya que cada vez se hacen descubrimientos más grandes y esto nos ayuda a entender mejor todo los procesos y fenómenos a los cuales nos enfrentamos al estar vivos.

Primero, empecemos con los tres grandes grupos de personalidad narcisista, para luego pasar a describir las distintas variantes de esta personalidad. Es una guía básica que te ayudará a conocer y discernir sobre la personalidad de los que te rodean.

En el 2000, el doctor Bruce Stevens publicó un artículo titulado *"Las nueve cabezas de Hydra"*, en donde habla del trastorno narcisista. En el libro el doctor propone una clasificación en donde expone nueve tipos de personalidad narcisista como: el dependiente, el amante especial, el poderoso, el corporal, el furioso, el estafador, el fantasioso, el salvador y el mártir. Pero estas descripciones son mucho más abiertas y se pueden desprender de tres meta descripciones que abarcan a estas otras nueve. Estos tres tipos de personalidad son: El narcisista exhibicionista, el narcisista introvertido y el narcisista tóxico.

En los siguientes párrafos me dedicaré a exponer a detalle estos tipos de personalidades.

El narcisista exhibicionista

Las personas que han desarrollado el Trastorno de Personalidad Narcisista muchas veces ha sido por situaciones que se han salido de su control, o por aspectos que afectaron su desarrollo emocional. Estas personas están fuera de la realidad y necesitan con desesperación obtener la aprobación de los demás. No solo buscan obtener la aprobación sino retenerla para no perder el valor en su percepción personal, para esto no dudan en exagerar o inventar sus logros o maximizar sus propios talentos.

El narcisista introvertido

El abuso narcisista necesita que la víctima esté subyugada, que esté a merced del abusador y esto se puede lograr de distintas maneras. El narcisista introvertido busca obtener la atención de las personas a su alrededor, culpando a otros y asumiendo siempre el rol de víctima, así poco a poco va asegurando el control por medio de estrategias de manipulación sumamente sutiles y de apariencia inofensiva.

El narcisista tóxico

Quizá las dos versiones anteriores del narcisismo, aunque dañinas, tienen un aura y apariencia muy inofensivas, por eso logran pasar desapercibidas, haciendo parecer que esas formas de narcisismo son las únicas, pero tan solo son las más conocidas. El narcisista tóxico es aquel que se presenta de forma más agresiva y directa, este tipo de personalidad busca satisfacer a tope su necesidad de admiración, buscando y consiguiendo el poder a través del acoso, la sumisión y la violencia. Su principal misión es hacer sentir inferiores a todo aquel que les rodea. Esta versión del narcisista es de la que más se precisa protección y la que más rápidamente enciende las alarmas.

Aprendiendo sobre los narcisistas

Estoy segura de que alguna vez en tu vida habrás visto la película de Blanca Nieves o, por lo menos, habrás escuchado o leído este relato, todos los padres se lo cuentan alguna vez a sus hijos. Me gusta ocupar esta historia como un ejemplo perfecto de cómo funciona un narcisista y cómo este puede mostrar distintas apariencias frente a las personas, pero aún así su finalidad siempre será la misma: el hacer daño.

Blanca Nieves es una joven bella, heredera de un reino, que pasa sus días en calma, queriendo a todos los que le rodean, incluyendo a los animales. Se trata de un personaje muy virtuoso y con una piel tan blanca que parece hecha de nieve. La antagonista de la historia es su madrastra, la reina, un ser despiadado que llegó al poder ejerciendo control sobre el padre de Blanca Nieves, el cual al enviudar quedó desprotegido y la reina se aprovechó de su tristeza para someter la voluntad del monarca. La reina, una mujer de igual manera que la joven, era físicamente muy bella, sin embargo, lamentaba el paso del tiempo y su peor miedo era hacerse vieja y perder la belleza de su juventud.

Día a día la reina se miraba en su espejo mágico para admirar su belleza, preguntándole al objeto: ¿Quién era la mujer más bella del reino? Ante esto, el espejo le contestaba que era ella la mujer más hermosa. La relación de la reina con Blanca Nieves en la superficie era muy normal, parecía cuidar a la princesa y, hasta por momentos, quererla, todo con tal de conservar para sí la corona y el trono.

Así fue durante muchos años, todo pasaba con tranquilidad en el reino, mientras Blanca Nieves aún era una niña, pero el tiempo no pasa en vano y Blanca Nieves dejó de ser una niña para convertirse en mujer, de la misma manera, la reina vió pasar sus mejores años llevándose su juventud con ellos. Ante esto, en la reina surgió la desesperación de ver perdida su belleza y perder el reconocimiento de ser la más bella en el reino.

Un buen día, cuando la reina le preguntaba a su espejo mágico sobre la verdad de su belleza, este le respondió que ahora era Blanca Nieves la mujer más bella del reino, lo que despertó una profunda ira en la reina y, en un arrebato de pasión, ordenó la pena de muerte sobre la princesa. La reina no hizo esto de forma directa sino que escondió su verdadero plan, pidió al verdugo que al ejecutar a Blanca Nieves, hiciera parecer como si la muerte de la joven fuera producto de un terrible accidente.

En el relato infantil todo llega a un final feliz, Blanca Nieves logra escapar de los malévolos planes de su madrastra con la ayuda de siete enanos y logra encontrar el amor. No obstante, la vida real puede no ser tan color de rosa. Lo cierto es que, este cuento para niños, es un perfecto ejemplo de cómo es y cómo puede actuar una persona narcisista.

La reina malvada es el ejemplo más completo del actuar de un narcisista, ya que en todo momento busca solo su felicidad, el sentirse amada y valorada y busca siempre elevarse por sobre los demás. Así pues, aunque parecía preocuparse por la joven niña, en realidad a la reina únicamente le preocupaba conservar su gran poder en el trono, cuando Blanca Nieves se presentó como un obstáculo en su vida no dudó ni un solo momento en eliminarla. La reina creía que ella era la única con derecho a ser la más hermosa del reino.

Los narcisistas actúan de la misma manera, pensando primero en ellos siempre, eliminando a quienes puedan ser sus competidores y a quienes puedan obstaculizar sus metas. Los narcisistas siempre dan una cara distinta, una en donde interpretan el papel del amigo para ocultar su verdadera intención, la cual es reducir, utilizar y dañar a sus víctimas.

Debo explicarte cuáles son los subtipos de narcisistas que podrás, desafortunadamente, encontrar en tu camino. No olvides que esta guía es solo un pequeño vistazo en el enorme mar de posibilidades que el abuso narcisista presenta, intenta aprender las características de cada tipo y mantente siempre alerta ante un posible ataque.

1. *El narcisista dependiente*

Puedes reconocer este tipo de personalidad narcisista en alguien que nunca está conforme consigo mismo, sino que busca desesperadamente la validación de su persona por parte de terceros. El narcisista dependiente siente que no existe si no logra llamar la atención, lo que al mismo tiempo refuerza una falsa idea de superioridad. Es el tipo de personalidad más común en los narcisistas, muchas personas que están a nuestro alrededor se pueden ver identificadas con esta descripción.

2. El narcisista falsamente poderoso

Cuando una persona siente que vale muy poco, intenta demostrar lo contrario a los demás. En el caso de los narcisistas, por ejemplo, los lleva a presumir algo que realmente no tienen, con tal de lograr someter a quienes le rodean, buscando atrapar las voluntades de todos los presentes, imponiendo su voluntad y subyugando a sus amigos y conocidos ante su falso delirio de grandeza.

Es común encontrar este tipo de personas en los puestos de trabajo, en donde ante el más mínimo poder intentarán someter a todos a su alrededor, creyéndose mejor que los demás, con más derecho por la posición jerárquica que ocupan dentro de la empresa.

3. *El narcisista que vive en un mundo de fantasía*

Recurrir a un mundo imaginario, lleno de fantasías y sentimientos de grandeza es muy común en algunos narcisistas. Ese mundo imaginario es necesario para ellos porque precisan que ese sentimiento de grandeza que piensan tener, sea equiparado con la realidad en la que viven, muchas veces esto los hace caer en incongruencias en sus actos, ya que se enfrentan a la mediocridad que les rodea.

Existen narcisista mitómanos que llevan este mundo de fantasía a la realidad a través de mentiras e inventos. Es preciso alejarse de este tipo de personas porque pueden causar un daño económico y no solo moral, pues puede ocurrir que el narcisista realmente crea que su mundo de fantasía es real, lo cual lo lleva a tomar decisiones peligrosas por no considerar el verdadero contexto de la situación.

4. El corporal

Cuando en la cabeza del narcisista no existan suficientes argumentos para sostener su voluntad por encima de la de los otros, intentará sacar provecho de su físico. Esta técnica es una carta peligrosa, que requiere mucha inversión, pero que genera grandes réditos y buenos resultados de credibilidad ante la sociedad. Los narcisos se preocupan por su cuerpo, por representar en ellos mismo los cánones de belleza establecidos para así ganar valor dentro de un grupo social. Para mejorar su autoestima precisan de los halagos, cumplidos y admiración de quienes los rodean. Es muy común encontrar este tipo de narcisistas en gimnasios o en clubes deportivos.

5. El narcisista embaucador

Como el narcisista que vive en su mundo de fantasía, el narcisista embaucador también precisa un mundo donde él pueda estar bien consigo mismo, desafortunadamente esto no lo puede conseguir frecuentemente y precisa de una puerta para incrementar su autoestima. Esta puerta sólo la encuentra cuando es capaz de engañar a las personas a su alrededor, cuando logra hacerles creer lo que él quiere que crean, es entonces cuando el narcisista embaucador logra entrar en ese fantasioso mundo donde tiene autoestima y verdadero valor. Este tipo de narcisistas son aún más peligrosos y poseen rasgos que típicamente podrían catalogarse como psicopáticos.

6. Narcisista amante

Desafortunadamente el amor y las relaciones románticas no se pueden salvar de los abusadores narcisistas que ocupan una falsa máscara de amante, para exigir relaciones con expectativas muy poco razonables y un vínculo amoroso que cualquiera podría catalogar como enfermizo.

Los amantes narcisistas crean una mentalidad destructiva en el que idean una falsa esperanza de amor, que eleva todas las expectativas de una relación y exige comportamientos poco realistas, lo que genera crisis y tensiones que inevitablemente conducen al sufrimiento y a la ruptura en la relación.

7. El falso mesías

El narcisista de este tipo, el falso mesías, puede creer que es capaz de transformar vidas, de impactar verdaderamente en la mente de quienes le rodean y salvarlos. De hecho, los falsos mesías creen que pueden aleccionar o educar a las personas para que encajen perfectamente en su falsa idea de lo correcto y lo esencial.

Es común ver este tipo de comportamiento en maestros o políticos, que tienen falsas imágenes sobre ellos mismos, esto es quizá lo más peligroso que puede creer un persona con poder, creerse algo que no es.

8. El narcisista fúrico

Como ya lo has aprendido, los narcisistas precisan crear un mundo separado de la realidad, por lo que tienen muy poca resistencia a la verdad misma, su umbral de frustración es muy bajo para así evitar cualquier contragolpe que los saque bruscamente de su fantasía.

Este tipo de narcisista detecta si hay algo que les moleste o alguna falta de respeto, para sin motivo realmente justificable estallar en ira y así controlar el momento, debido a que los que lo rodean prefieren ceder para no provocar violencia. La ira es el camino más cercano que tienen para lograr ejercer el poder sobre los demás.

9. *El narcisista mártir*

Conservar el control sobre la gente es algo muy difícil de conseguir, ya que todas las personas tienen distintas metas u objetivos que quieren realizar, pero un método que los narcisistas emplean muy eficazmente para tener a todos comiendo de la palma de su mano es hacerse los mártires. Esto quiere decir que los abusadores inventan una falsa idea de que se sacrifican por el bien de los demás y que, por eso, merecen respeto, mostrándose magnánimos frente al grupo.

Esto es una idea falsa, porque aunque hagan creer a los demás que se sacrifican esto no es así, la personalidad altruista no quiere buscar la admiración de los demás.

Estos son las nueve formas de actitudes narcisistas que los abusadores pueden emplear para ejercer su dominio sobre las personas. Si eres víctima del abuso narcisista intenta identificar cuál de estas formas son las que aplican contigo. Empieza a modificar tu forma de pensar vislumbrando cómo es tu abusador y poco a poco irás descubriendo cómo hacerle frente.

Capítulo Tres:

¿Qué es lo que busca un narcisista?

El actor, recién caído en desgracia, Kevin Spacey, ingresó al Olimpo de Hollywood en 1995 cuando se estrenó la película *"Sospechosos habituales"*, en donde encarnó a un personaje tan icónico que dejó huella en las películas de policías y detectives. La razón por la cual este personaje fue tan comentado es porque se trata de un persona que, en un primer término, muestra ser tímido y de una personalidad vulnerable, para después, en el gran giro de la trama de la cinta, convertirse en el gran antagonista. El personaje se revela como el verdadero villano, una persona controladora, capaz de dañar y de embaucar a quien se le pusiera enfrente.

¿Qué es lo importante en esta cinta dirigida por Bryan Singer? La respuesta es muy sencilla: el narcisista se sale con la suya. El personaje engaña, ocupa un disfraz para poder conseguir lo que tiene en mente, no importa cuan difícil sea, ni que tan profundo haya que mentir, lo primordial es que el plan funcione. Si no has visto la película, te recomiendo lo hagas porque te dará una mejor idea de lo que tratará este capítulo, en donde podremos entender a detalle cuáles son las motivaciones de una persona narcisista.

Lo sé, sé que equiparar la vida real con la ficción no es lo mejor, tampoco lo es poner a contrapeso una película de policías y ladrones con el daño psicológico y moral que un narcisista infringe en su víctima, pero esta es una de las mejores maneras de poner en tu mente cómo funciona un narcisista, porque la película es una ilustración precisa de lo que está sucediendo en la mente de un abusador. Como ya te lo he dicho antes, los cuentos y las películas te pueden ayudar a entender mucho mejor la realidad del abuso narcisista.

Quizás pienses que soy exagerada al decir que la mente de una narcisista es la misma mente que la de un criminal, pero lo cierto es que hay muchas cosas en común y, en diversas ocasiones, la psicología ha comprobado que los delincuentes son en realidad enfermos mentales que sufren de un trastorno de la personalidad. De verdad que el abuso, el maltrato y la desidia que puede imponer un abusador a su víctima debería ser considerado como un delito, porque verdaderamente afecta física y psicológicamente a una persona, muchas veces minando su desarrollo personal y afectando su psique para siempre.

Ahora, ¿en qué se asemeja el personaje de Kevin Spacey con un narcisista? Verbal Kint, apodo del personaje interpretado por Spacey, es usado como chivo expiatorio por la policía para que él denuncie a los principales sospechosos de una red de delincuentes. Kint ayuda a la policía soltando toda la sopa y ganándose la amistad del principal detective del caso. ¿Cómo lo hace? Se muestra como una persona sumisa, de escasa inteligencia y como alguien sumamente frágil. Claro que esta actitud hace que la policía quite los ojos sobre él y lo borre de la principal lista de sospechosos.

Mientras Kint ayuda al detective, le cuenta la historia de Keyser, el máximo exponente del crimen de aquella ciudad, un tipo cruel y despiadado capaz de matar a su propia esposa e hijos con tal de sobrevivir y mantener su poder. La historia es tan brutal que el detective nunca logra juntar los puntos ni las pistas para percatarse de que el verdadero criminal estuvo siempre frente a sus ojos.

Después de declarar el caso como resuelto, si no de forma completa sí de forma satisfactoria, Kevin Spacey en el papel de Verbal Kint abandona la estación de policía con una sonrisa en su rostro y libre de culpa, es solo cuestión de tiempo para que el detective cerrando la carpeta del caso se diera cuenta de que fue engañado vilmente. Kint había inventado toda la historia de Keyser para eximirse de la culpa y presentarse como un cordero, cuando en realidad él era el gran lobo feroz, el criminal al que estaban buscando. El detective perdió el caso porque cayó en las redes de Kint.

El giro dramático que hace en este momento la película para cerrar de forma excepcional, convirtió a Spacey en uno de los grandes actores del momento y marcó un hito en la historia de la escritura de películas, pero lo cierto es que ese giro, los espectadores ya lo conocíamos, ese gran giro se vive día a día, noche tras noche. La víctima del abuso narcisista está siendo engañado por una persona que es un lobo, pero que utiliza piel de cordero, esa persona es su abusador y puede ser su familiar, su amigo, su compañero, su pareja o su empleador. Hay que reconocer el abuso, porque así se vuelve más sencillo el salir del embrollo.

Verbal Kint es un abusador, un narcisista que aplica todo su teatro para hacer caer en el engaño al detective, no le importó mostrarse como un tonto o babear y llorar al hablar, con tal de cumplir su cometido, para él era más importante conservar la atención del detective que realmente respetar la esencia de su ser. A los narcisistas no se les complica negarse a sí mismos con tal de brindar una falsa idea de ellos mismos, una que le asegure la atención de su interlocutor, es preciso para ellos y su pequeño juego el brindar todo por el espectáculo, si no logran conservar la atención del espectador, entonces no ha servido la estrategia del narciso. Al final, prefieren volver a sus casas con la satisfacción de haber controlado a su víctima que haberse sido fiel a ellos mismos.

Pero una cosa importante a considerar aquí es que no solo es culpa de Verbal Kint, sino que el propio detective puso mucho de su parte para que el personaje de Spacey se saliera con la suya. El error cometido por el detective fue caer en el juego de su prisionero, cometió el error de no abrir los ojos, de no ver más allá de lo que tenía enfrente y de caer en el juego sentimental de Kint, quien fácilmente lo domó y lo hizo entrar en su zona al presentarse como alguien que precisaba de ayuda y no como alguien dañino. Así las víctimas no se dan cuenta que están siendo abusadas porque tienen la falsa idea de que, a quien tienen en frente, en realidad es una buena persona que no podría realizar ningún acto de maldad.

"Sospechosos habituales" como película es una excelente metáfora de lo que es el comportamiento narcisista, presenta de manera, casi perfecta, cómo cada pequeño acto realizado por una persona narcisista, al final del día es en realidad un engaño que termina inevitablemente en maltrato, en un acto dañino que modifica nuestra forma de actuar y de confiar frente a las demás personas.

Esto es muy importante dejarlo claro, el que sufre abuso narcisista modificará para siempre la forma en que se relaciona con las personas, por eso es preciso que se comprenda el por qué una persona narcisista se comporta de tal manera y, sobre todo, que se logre saber que este comportamiento no es totalmente culpa del narcisista. La víctima debe aprender a establecer límites, en este caso, no debe de asumir toda la culpa del abuso, pero sí aceptar cuál es su parte de responsabilidad. Una manera en que la víctima puede mejorar es no sentirse una persona completamente desvalida, manipulable e indefensa, sino asumir su responsabilidad y actuación en la historia de abuso.

Recientemente se ha publicado un estudio en la revista *Proceedings of the National Academy of Sciences*, en donde se estudió a 565 niños, de entre 7 y 11 años y a sus padres, un total de 415 madres y 290 padres, en el que se estudió la relación de los hijos con su padres con respecto a su logros y aptitudes. Se descubrió que los padres que tienden a sobrevalorar a sus hijos y los elogian más de lo necesario durante sus años formativos, hacen que sus hijos sean mucho más propensos a desarrollar narcisismo.

Esta tendencia en la crianza de los padres a sus hijos, hacen que en los niños perdure el estado de narcisismo inicial, que todo niño precisa para asegurar un mejor desarrollo, logrando que el niño desarrolle una personalidad egocéntrica. A pesar de lo que quisiéramos creer, lo cierto es que niños egocentristas crecen y se desarrollan como adultos egocentristas, que ocupan el narcisismo como herramienta diaria y que tienen a abusar de las personas que están a su alrededor, tal cual lo hicieron con sus padres.

Los principales lineamientos que rigen la forma de pensar de los narcisistas son:

Los narcisistas se quieren a mí mismos y tienen la seguridad de que los demás también los quieren más a ellos que a sí mismos. Esa forma de pensar es muy común en los narcisistas, para ellos es imposible que alguien pueda pensar en otra cosa que no sea en ellos. Se creen sujetos merecedores de todo el amor, la atención y comprensión que las personas puedan brindar e incluso un poco más.

Las disculpas no sirven para nada si el narcisista las tiene que ofrecer, pero si alguien más le tiene que pedir esas disculpas entonces es lo más urgente del mundo. Es así, los narcisistas modifican las reglas y los valores para sobresalir del resto. Son personas que únicamente prestan atención a sus derechos pero descuidan sus obligaciones, cuando tratan con la gente, por el contrario, sólo se ocupan de cuáles son las obligaciones de esas personas hacia con ellos y olvidan y omiten cuáles son los derechos de sus semejantes.

El sentido de sentirse especial se despierta al por mayor, el narcisista siente que hasta ahora no ha existido un ser semejante a él en el universo.De la misma manera tienda a mal catalogar a las personas que tiene a su alrededor, sintiendo que no están a su altura y que no tienen el mismo valor que ellos.

Las reglas y las obligaciones que marca la sociedad, el narcisista siente que no aplican con él sino que solo son aplicables para los demás. Al sentirse magnánimos y especiales, los narcisistas intentan recordar todo el tiempo que las personas que los rodean son afortunadas, porque contar con su cariño no es cosa fácil. Esto es un maltrato en toda la extensión de la palabra, pues constantemente el narcisista querrá cobrar el amor que profesa con decisiones que abusan de su contraparte.

Para los narcisistas si se pudiera hacer todo el tiempo lo que ellos dicen sería lo mejor, que los demás dejaran de pensar y solo lo sigan es lo que los narcisistas buscan. El narcisista puede ser arrogante, ya que su principal pensamiento es satisfacerse a sí mismo. No intentes hacer que piense en ti o en lo que a ti te gustaría, porque simplemente sería imposible.

Una persona narcisista siempre espera que las personas le sean leales en todo momento, eso quiere decir que pese a que los narcisistas mientan, maltraten o manipulan, esperan que las personas que los rodean sean leales, fieles y los consideren buenas personas.

Como ya te he platicado, los narcisistas viven en una realidad alterna, es por eso que ellos se sienten con la libertad y el derecho de criticar a las personas a su alrededor si no cumplen con sus expectativas y, de la misma manera, esperan que los demás siempre los idolatren. Ellos no aceptan una crítica, si acaso una persona llega a realizar una crítica de ellos, sobre todo en público, el narcisista intentará lastimar a esa persona, confesando alguno de los secretos que se le hayan confiado. Esto lo realiza con el fin de lastimar y mantener el control.

El narcisista cree que se deben de tener presentes, todo el tiempo, sus logros, sus metas logradas y los premios que ha obtenido a lo largo de su vida y se le adule por ellos. Por otro lado, el narcisista no está interesado en nada de lo que tenga que ver con la vida de otras personas, sus logros, sus metas y sus sueños, pues reconocer los méritos de los demás ocasiona un fuerte sentimiento de envidia.

Una actitud común en los narcisistas es que esta persona negará todo el tiempo ser un manipulador, dará explicaciones sobre su comportamiento diciendo que no es que quiera manipular, sino que le gusta hacer las cosas a su manera, porque así resulta mejor para todos. Ante cada pequeño acto que realice el narcisista esperará que los demás sean capaces de agradecer, de sobremanera, de aquí al final de los tiempos.

El narcisista intentará alejar a su víctima de sus amigos, separarla de ellos para así poder controlar la totalidad de su vida. Uno de los argumentos que más ocupa un narcisista para separar a una persona de sus amigos es decir que estos no están a la altura de lo que él espera de ellos. En otras palabras, dirá que los otros amigos

que una persona pueda tener no son tan
especiales como él.

La máxima frase que dirá un narcisista es: *por
qué no simplemente hacemos las cosas como te
digo y así nos evitamos todos los problemas.*
Esta es su frase más usada.

Los narcisistas están siempre listos para actuar,
no esperan en la sombra ni se sonrojan al llevar a
cabo sus planes, con lujo de detalles emplean los
lineamientos que te he descrito, para someter a
sus víctimas, eliminando todo rastro de
autoestima que exista en las personas para así
hacer que estas realicen sólo lo que el narcisista
quiere que hagan.

Anteriormente se mencionó que un narcisista es
también una víctima de su propio trastorno y
comportamiento. Aunque la persona puede no
ser consciente del daño que ocasiona, por su
absoluta falta de empatía, sus actos sí son

deliberados desde el momento en que se preocupa por conseguir fines específicos, utilizando a las personas sin tomar en cuenta la voluntad, la integridad y los sentimientos de ellas.

El narcisismo es un trastorno de la personalidad que hace que las personas que lo padecen creen un universo alterno, en donde pueden ser mejores personas de lo que son realmente. Este trastorno de la personalidad afecta tanto a quien lo padece como a las personas que están a su alrededor. El trastorno narcisista es una enfermedad que puede ser tratada, sólo si es aceptada por quien la padece.

Conociendo al narcisista

Nada en la mente de un narcisista es seguro, todo lo que ve, percibe, siente y dice es producto de una imaginación muy fluida y poco cercana a la realidad. De acuerdo a como lo describe la psicología, el narcisista es una persona vulnerable, incapaz de reconocerse frente al espejo.

Quienes padecen este tipo de trastorno de personalidad disocian lo que son en su cabeza de lo que son físicamente. Imagina que te despiertas una mañana, te miras al espejo y no te reconoces, ese reflejo frente a ti aunque físicamente eres tú, mentalmente no te representa, en tu cabeza eres una persona mucho más valiosa, más grande, más atractiva, más fuerte y mucho más inteligente, desafortunadamente la realidad no sé asemeja ni un poco a tu imaginación y eso te hace sufrir.

Para que puedas comprender mejor lo que intento explicarte ocuparé de nuevo una obra de la cultura popular. En la novela de Ernest Cline, *"Ready Player One"*, el mundo se enfrenta a un futuro nada prometedor. El mundo está sobrepoblado, lleno de basura y con una calidad de vida atroz, la sociedad parece ser de nuevo primitiva y lo peor es que, de acuerdo al panorama político y social, parece ser que nada va a cambiar, que de hecho pareciera que el mundo solo puede ir a peor. En este panorama poco alentador, ¿cómo le hace la gente para sobrellevar la vida? Bueno, pues lo habitantes del mundo, que cuenta Ernest Cline, ocupan todos su recursos en un videojuego llamado OASIS.

Como el nombre lo menciona, este videojuego es un páramo de calma ante la tempestad que es la realidad misma. De función bastante familiar, este videojuego es de realidad aumentada, en el que el jugador puede integrarse usando un traje sensorial, para así vivir inmerso en la nueva realidad dentro del propio universo del videojuego.

El mundo que se presenta dentro del juego es una realidad alterna completamente diferente, donde todos los jugadores pueden lograr sus sueños y vivir una vida plena, llena de emociones y logros excepcionales, también pueden encontrar el amor y ser esa persona que siempre soñaron ser. Desafortunadamente, todo eso solo existe en el videojuego y una vez que han dejado de jugar, los participantes regresan a la triste realidad. Es por eso que el meollo de la novela es que cada vez más personas prefieren escapar de sus existencias corporales, vivir la mayor parte del tiempo en el videojuego OASIS y no en la vida real.

Esto funciona así, cuando algo no les gusta, las personas se incomodan y harán lo que sea necesario para cambiar, para poder controlar su vida y su situación de la mejor manera posible. Así también son los narcisistas, se trata de personas que han perdido la conexión de lo que tienen con lo que quieren y por eso crean puentes, todos los que sean necesarios, para lograr conectar los dos polos. Tal cual como en la novela *"Ready Player One"*, los narcisistas intentarán en todo momento escaparse al OASIS, que es su mundo inventado, en donde pueden ser mejores personas y mejores versiones de sí mismos, en vez de afrontar la realidad que se les presenta.

Aunque esto se lee como historia con final feliz la realidad refleja otra cosa, ya que, los narcisistas al intentar inventarse una nueva realidad, crean eventos y formas de actuar que solo tiende a lastimar a las personas que están a su alrededor, en otras palabras, los narcisistas se centran tanto en sí mismos que se olvidan de mirar a los que le acompañan.

Todo esto es sumamente complicado para quien está siempre con el narcisista, pues la persona empieza también a confundir la fantasía con la realidad. Las estadísticas mundiales muestran que cerca del 1% de la población sufre o padece del Trastorno de Personalidad Narcisista y que, esta afección, se presenta mucho más en hombres que en las mujeres.

Es preciso para entender más a fondo la personalidad narcisista y conocer a profundidad el por qué los narcisistas hacen lo que hacen. Es importante entender los siguientes elementos que se describen, pues se explicará cuál es la razón de ser de los narcisistas, si bien la causa del trastorno es aún desconocida.

Son seres que sufren vulnerabilidad

Quizá piensas que las personas narcisistas son personas fuertes y seguras de sí mismas, lo piensas porque esa es la imagen que ellos dan en público, pero la realidad es que son todo lo contrario. Los narcisistas son personas que sienten un profunda vulnerabilidad dentro de sí mismos, lo que los convierte en seres muy frágiles, sienten una profunda impotencia dentro de ellos que los obliga a alienarse.

Debido a todo este sufrimiento interno, las personas con Trastorno de Personalidad Narcisistas tienden a desarrollar un sistema de actitudes que les protege y los mantiene a salvo, pero es este mismo sistema de acciones de defensa el que, al final, daña a las personas que están a su alrededor.

La vergüenza puebla su vida

Cuando los narcisistas se miran en el espejo y no logran reconocerse es porque la vulnerabilidad los sorprende a cada minuto, el mirarse despierta una profunda aberración que les imposibilita mantener una actitud positiva en su día a día. Es también por esta razón que un narcisista no puede recibir críticas ni comentarios negativos, porque se sienten avergonzados de ellos mismos.

Hay arrogancia en cada aspecto de su vida

En las personas que padecen el trastorno de personalidad se vuelve notorio que se sienten profundamente inferiores, ya que para sobrellevar esa realidad prefieren mantener una imagen de superioridad con respecto de las personas que les rodean. Esa misma imagen que se crean les dota de una arrogancia muy genuina e infinita que les lleva a maltratar a otras personas con tal de sentirse bien consigo mismos.

Carecen de empatía

El estudio psicológico de este trastorno describe que las personas con tendencias narcisistas les es demasiado difícil poder sentir afecto, cuidado o preocupación por terceros, ya que no están dispuestos o no tienen la obligación de identificarse con las necesidades de los demás.

Eso los convierte en personas hirientes y frías en sus relaciones personales, ya que la falta de empatía misma los lleva a ocasionar dolor en las personas, sumando a esto que su tipo de inteligencia cognitiva y emocional les da una ventaja para manipular y explotar a otros para beneficiarse ellos mismos.

Sienten una profunda sensación de vacío

La batalla que pelean los narcisistas para crear una conexión emocional positiva consigo mismos es quizá lo más duro de su padecimiento. Toda esa pelea interna resulta en serias dificultades para conectarse emocionalmente con los demás. Su sufrimiento les despierta una dependencia absoluta a la validación de parte de terceros.

No poseen límites para con sus actos

Debido a que lo más apremia a un narcisista es su propia satisfacción, como en el relato mitológico de Narciso, en ellos existe un profunda falta de limitantes que les impiden desenvolverse naturalmente en la sociedad moderna. Quienes padecen el Trastorno de Personalidad Narcisista conciben a quienes le rodean como un proyección externa de sí mismos, por lo que no les cuesta trabajo ocupar a las personas para satisfacerse a sí mismos.

Tienden a negar la realidad

Los narcisistas necesitan crear una burbuja en la que se puedan sentir seguros y en donde no les afecte para nada la realidad, esta solo puede ser lograda a través de la negación constante y el recurso de engañarse a sí mismos, para inventarse un mundo de fantasía que pueda proteger su frágil ego.

La negación puede llegar a tal grado que la persona narcisista puede genuinamente olvidar que su realidad es un engaño y comenzar a considerarla como verdadera.

El desprecio se transforma en envidia

Debido a que la burbuja creada para protegerse es muy frágil, el narcisista siente la necesidad de alzarse por encima de los demás, de ser el mejor en todo lo que emprende, enfrentarse a la idea contraria desataría en él un sufrimiento indescriptible. Debido a lo anterior es imposible para un narcisista disfrutar del éxito o de los logros que pueda conseguir otra persona, si llegan a ser testigo de algo parecido tienden a destruir, denigrar o reacciona de forma vengativa con tal de defender su falsa superioridad.

No dudan en agredir

El mundo en el que habitan los narcisistas es un mundo hostil, en él todo tiene que ser una competencia y cualquier diálogo puede terminar en una discusión y cualquier discusión puede ser siempre una pelea. Así, de manera casi natural, la agresión es una norma en la vida de un narcisista, una persona así no duda en ocupar la agresión para mantener controlado su entorno.

Estas nueve características engloban de manera general los síntomas del Trastorno de Personalidad Narcisista, es muy importante señalar que se requiere que se presente cinco o más de estas características, durante un transcurso de tiempo prolongado, para poder diagnosticar correctamente a una persona con una patología.

98

Capítulo Cuatro:
Vivir con un narcisista

Pocas películas representan la figura del narcisista como lo hace la cinta *"Psicópata Americano"*, que está basada en el libro del mismo título del autor Bret Easton Ellis. El libro, en un primer término, es una excelente crítica social a la cultura narcisista que se presenta en las élites millonarias de los Estados Unidos. El libro resulta una descripción exacta del Trastorno de Personalidad Narcisista, encarnada por su personaje principal Patrick Bateman.

Esta película nos introduce a la mente de su protagonista, un ejecutivo de Wall Street que se encuentra en la cúspide de su carrera, lleno de juventud y de vitalidad, así como con amplias oportunidades económicas, con una trabajo soñado y con una pareja sentimental que posee una gran belleza. A pesar de contar con todo aquello, que podría ser el sueño de cualquier ser humano, Patrick Bateman vive atribulado por su propia mente, ya que no se siente conforme con lo posee e intenta mejorarlo a través de pequeños actos que en realidad no mejoran nada, sino que al revés, lo empeoran todo.

Bateman es un personaje adicto a la belleza y al cuidado personal, que es capaz de gastar grandes sumas de dinero con tal de conservar un bronceado excepcional y alargar lo más posible su juventud. Bateman tiene una profunda necesidad de hacer valer su nombre y que otros lo reconozcan como una persona que vale la pena conocer. De esa misma forma, al ser una narcisista le es necesario sobresalir en todo, tener el mejor traje, la mejor tarjeta de presentación, entrar en los mejores restaurantes y, sobre todo, ser reconocido en altos niveles y círculos sociales. En este profundo análisis es en el que Bret Easton Ellis logra describir con lujo de detalle cómo es la personalidad del narcisista.

Los detalles que hacen a Patrick Bateman el narcisista por excelencia es, entre otros, su lucha constante por mostrarse como el hombre más importante en la sala, a él no le importa hacer cosas que no aceptaría en otras situaciones con tal de sobresalir. Quizás el aspecto más importante que convierte a Bateman en un narcisista es que no tiene reparo en herir a las personas que tiene a su alrededor, con tal de mantener en calma sus impulsos obsesivos y con tal de sentirse bien consigo mismo. Estos actos incluyen engañar a su pareja, pero mantenerla a su lado con tal de conservar el poder que esta relación le da, hasta matar a las personas que lo han avergonzado en público o dañar a los vagabundos únicamente porque los cree inferiores a él.

Así cuando se lee la novela del autor estadounidense, o cuando se mira la película del año 2000, se puede observar a un narcisista perfecto, este es un personaje que te puede dar un muestra de cuán peligroso puede llegar a ser una persona con este trastorno de personalidad. Es muy probable que cuando viste la película hayas podido reconocer las actitudes que realiza Bateman en alguno de tus amigos, familiares, pareja, incluso puedes haber encontrado características que te recuerdan a ti. Lo bueno de reconocer a un narcisista en un personaje, como el de Patrick Bateman, es que solo así podrás reconocerlo en la vida cotidiana.

Mantener una vida o vivir una relación cotidiana al lado de un narcisista es un sufrimiento constante, un tormento que solo quien lo ha sufrido, es capaz de describir los horrores que de esta relación emanan. A través del día a día, de relacionarse cada vez más con un abusador, una persona puede ir deteriorando su autoestima y su carácter de persona independiente, muchas veces sin darse cuenta. La persona puede irse convirtiendo en un ser menor, incapaz de quererse a sí mismo y sólo disponible para las voluntades de su abusador. Quizá este cambio de personalidad sea tan silencioso que nadie puede encender las alarmas hasta que una persona ya está muy destruida. Siempre actuar rápido es la mejor manera de defenderse.

Pero actuar rápido no es tan sencillo como parece, actuar rápido ante un ataque narcisista no consiste en regresar los insultos y las humillaciones hacia el abusador, sino que la víctima debe de tener suficiente amor propio, límites bien establecidos y una visión de la realidad muy bien formulada, para poder combatir el abuso al cual se le está sometiendo. Paradójicamente, cuando una persona es blanco de un abuso narcisista es porque su autoestima, sus límites personales y su visión de la realidad están distorsionados.

El trabajo principal de una persona que vive con un narcisista debe ser aprender a amarse a sí mismo, aceptar sus defectos, sus errores, sus fallas y sus omisiones. Aceptar lo que no le gusta de sí mismo no conlleva necesariamente a que la persona tenga que conformarse con su situación actual, sino que sea capaz de reconocer cuáles son sus fallos, para a partir de ahí, comenzar a trabajar en ellos.

Amar a un narcisista

Los narcisistas pueden ser, a primera vista, personas sumamente encantadoras, capaces de atraer las miradas y la adulaciones de cualquier grupo social. En un primer momento parecen ser personas llenas de autocontrol, soberanas totalmente de sus propios actos y dignas de dirigir cualquier grupo de seres humanos. Esto despierta en las personas que apenas las conocen un sentido de admiración, haciendo que les dan ganas de estar junto a ellas, de ser sus amigos, para poder participar un poco de ese encanto que se desprende de los narcisistas.

Es común que un narcisista tenga dispuesto un plan de trabajo que realizar para poder obtener el control de las personas que le rodean. Los pasos son muy sencillos y, de hecho, la persona narcisista los repite con mucha disciplina para que poder capturar la atención y retener a su víctima. Recuerda, quien abusa hace esto porque precisa sentirse mejor consigo mismo, no lo hace porque verdaderamente odie a sus víctimas, sino que funciona al revés, en realidad el narcisista se odia a sí mismo y necesita obtener una crítica positiva de agentes externos.

Lo que un narcisista busca en una víctima es tener un fan perpetuo que le pueda repetir continuamente lo valioso, importante y único que él es. En muchas ocasiones, dependiendo del nivel de autoconciencia que tenga una persona narcisista, no se da cuenta de que el trato que ejerce sobre otra persona es de abuso, pues cree que así funciona el mundo y que así deben de ser las cosas. Por eso el narcisista busca víctimas con baja autoestima, sin un plan de vida trazado, pues así no corre peligro de sentirse intimidado y disminuido por los logros de la persona que tiene a su lado.

El túnel sin luz

Los narcisistas son capaces de atraer la atención de un grupo social la primera vez que se presentan en él. Pueden parecer personas dignas de admiración, respetables y líderes capaces de lograr cualquier cosa que se propongan. Muchas veces, las personas que miran a un persona que brilla en una reunión social puedan sentirse atraídas a esa luz, a esa capacidad de enamorar del narcisista, probablemente porque ellos sienten que no cuentan con tal capacidad de adaptación y sociabilidad.

El abusador narcisista es capaz de percibir a las personas que precisan lo que él ofrece, que es una falsa luz y una atención vana. Los narcisistas son capaces de leer tus movimientos y convertirlos en armas contra ti mismo, un ejemplo es el siguiente: El abusador se acercará a ti y fingirá brindarte atención, prestará atención a tus palabras para que te sientas importante y querido. Este comportamiento te convence que no debes hacer nada para perder la atención que se te ha brindado.

Sobrellevando a un ser especial

Una vez que te ha atrapado por primera vez un narcisista, hará todo lo necesario para continuar convenciendo de que él es una una persona especial y única, que merece toda la atención y los mejores tratos posibles. Si el narcisista falla en convencerte, entonces no podrá retener tu atención y tendrá que buscar una nueva víctima, es por eso que ocupa todas sus energías para convencerte de lo importante que es él y de cómo tu vida ha mejorado desde que él está en ella.

Los métodos con los que consigue convencerte es creando diversos tipos de competencias, en donde él siempre se erige como el vencedor. Tal vez inicia haciéndote notar que tus amigos no son tan buenos como crees, que él no debe perder el tiempo con ellos porque no están a su nivel. Luego intentará ponerte en contra de tu familia, creando conflictos sin razón, en donde empezarás a desconfiar de tus seres queridos y en donde él se presentará como la solución a tu sufrimiento. Así, con estas pequeñas batallas que poco a poco va ganando, el narcisista va tomando el control de tu vida, presentándose como la única persona que te comprende y como el elemento más importante en tu vida.

El narcisista siempre intentará aislar a su víctima de su grupo de amigos y familiares más cercanos, de tal manera que la persona que sufre abuso únicamente pueda contar con el narcisista para conversar e interactuar, el narcisista intentará ser la única persona con la cual su víctima tenga alguna clase de contacto y comunicación.

No hay vida sin él

Si eres víctima del abuso narcisista es probable que un día mirándote al espejo tampoco puedas reconocerte y te des cuenta de que ya no eres la misma persona que fuiste alguna vez. Has cambiado y no necesariamente para bien, te has convertido en un persona llena de miedo, incapaz de hacer algo por sí misma, necesitas que alguien apruebe tu andar, tú autoestima también ha disminuido, te sientes minada e incompleta, en general te sientes mal y no sabes exactamente por qué es que te sientes así.

Poco a poco te darás cuenta que has perdido el cariño que te tenías porque tu abusador ha jugado con tu mente, te ha hecho creer que no vales por ti misma, que no eres nada sin él y que no puedes existir sin que él vea por tu seguridad. Lo mismo puede ocurrir si eres un hombre que sufre de una relación de abuso narcisista por parte de una mujer, o si eres una mujer que está siendo agredida por otra mujer o un hombre sometido por otro hombre.

El abuso narcisista te ha quitado a tus familiares y amigos y ha reducido tu voluntad a un correa con la cual te mantiene presa. Te miras en el espejo y, al darte cuenta de todo esto, es inevitable que quieras llorar, pero sobre todo es inevitable que quieras salir de esa situación, quieres escapar. Es ahí donde te enfrentas a lo más difícil de vivir con un narcisista.

Cuando intentes escapar, es cuando verdaderamente conocerás al narcisista que vive contigo. Primero intentará convencerte por las buenas, utilizando el chantaje para confundirte, haciéndote creer que aquello que piensas no es real y que él solo quiere lo mejor para ti, en otras palabras, te dirá que sufres de delirios.

Si llegas a insistir en querer separarte, entonces él empezará el ataque, te mentirá más, presionará, va a agredirte e intentará sacar todas las inseguridades que hay en ti. Todo esto lo hará para minarte, se dispondrá a hacerte creer que no puedes vivir sin él, cuando la realidad es lo contrario: él no puede vivir sin ti, tú eres su víctima, eres aquello que lo hace sentir bien consigo mismo.

Si logras superar esa fase y aún estás dispuesta a hacer lo necesario para alejarte de tu abusador, encontrarás aún más resistencia. Esta quizá sea la parte más difícil de todo el proceso porque el narcisista puede llegar a emplear violencia física contra ti.

Recuerda que el proceso no termina ahí, el recuerdo de tu abusador te acompañará durante muchos años, podrá regresar a ti por cualquier estímulo que te recuerde el tiempo que viviste en sus garras. Debes de tener paciencia y recordarte que, como todo proceso, este puede ser tardado pero tarde o temprano sanarás, dejando todo atrás. Tal vez no seas capaz de olvidar todo lo que te sucedió, pero sí serás capaz de aprender a vivir con ello. La fuerza de voluntad debe ser el principal elemento en tus días y sólo así podrás ir recuperando el cariño propio, la autoestima y obtendrás de regreso todo aquello que tu abusador te quitó.

Sufrir el abuso narcisista

Si tú eres una víctima del abuso narcisista, tú has estado siendo violada, tu visión de la realidad ha sido deformada y manipulada con el objetivo de ridiculizar y minimizar tu valor como persona. Tu vida es ahora solo un fragmento de lo que algún día fue, eres una pieza rota que no fue producto de un accidente, nadie te rompió el corazón de manera romántica ni sigilosa, sino que fue el resultado de un crimen perfectamente bien orquestado. Eres víctima de una violación y asesinato psicológico perpetrado por alguna persona que algún vez consideraste tu amigo, tu familiar o tu pareja. Esta persona utilizó la manipulación, el acoso y la violencia que su trastorno le dice que tiene que infligir en ti, para destruir tu psique.

La violencia psicológica que un narcisista puede infringir es un abuso verbal y emocional, por citar algunos ejemplos, utiliza el sabotaje, la proyección tóxica, la coerción y muchas campañas de desprestigio contra tu persona. Este tipo de comportamiento lo realiza alguien que no puede tener empatía por nadie ajeno a él, alguien que se dedica a satisfacer sus propias necesidades a través de la explotación de otras personas.

Las consecuencias psicológicas de sufrir el abuso narcisista pueden incluir depresión y ansiedad, también provoca una sensación generalizada de vergüenza, así como agresiones emocionales que retienen a la víctima, como sentimientos de impotencia que le abruman y le sobrepasan.

Las víctimas del abuso narcisista muchas veces no pueden reconocerse como víctimas debido a la habilidad de los narcisistas de torcer y convertir la realidad de su abuso en algo que parece bueno o prudente. Incluso en muchas ocasiones, el narcisista intercambia con su retórica su papel de abusador por el de víctima.

Para ayudarte a reconocer si eres víctima del abuso narcisista de parte de algún familiar, amigo, jefe o pareja, te invito a leer estos nueve síntomas. Piensa profundamente si te logras reconocer en alguno de ellos y también observa lo que puedes hacer para hacerle frente.

1. *Precisan disociar su mente del mundo que les rodea*

Una acción que a una víctima de un abusador narcisista le resulta emocionalmente tranquilizante es separarse de su entorno para evitar confrontaciones. La víctima puede recurrir a las adicciones y a la represión porque estos comportamientos, aunque dañinos, le permiten escapar de la realidad. El cerebro logra encontrar formas de bloquear emocionalmente el impacto del maltrato sufrido.

Una persona para saber si es víctima de abuso por parte de alguien más, debe cuestionarse si el estar alado de esa persona, escucharla y tener que convivir con ella, le está provocando tan nivel de ansiedad que ha comenzado a fumar, beber, comer o dormir más de lo habitual.

2. Una víctima se vuelve frágil y temperamental

Las víctimas no pueden vivir tranquilas porque sus niveles de estrés están elevados, ya que aunque no se percatan de esto, están evitando cualquier comportamiento que les incite a revivir el trauma. Es común que las víctimas busquen escapar de lugares o actividades que puedan desatar la ira de su abusador. La víctima se convierte en una persona ansiosa por miedo a "provocar" al narcisista de cualquier manera.

3. Tiende a complacer al abusador a toda costa

Todas las metas y ambiciones que la víctima tenía o soñaba en el pasado las habrá perdido o dejado pasar con tal de satisfacer la voluntad destructora de su abusador. La vida de alguien que sufre de abuso se centra en el abusador y en lo que a este le parece bien, dejando todas sus relaciones, su trabajo o sus propios sueños en un segundo o tercer plano.

Hay que tener la seguridad de que desafortunadamente, para un abusador, obtener la atención total de su víctima nunca será suficiente, siempre exigirá más hasta que no quede nada por tomar.

4. *La salud en la víctima empieza a minar*

El estrés provocado por el abuso crónico provoca que el cuerpo humano mantenga los niveles de cortisol a toda marcha, siempre en su máxima potencia, con lo cual el sistema inmunológico de la víctima está totalmente vulnerable a dolencias físicas y enfermedades.

La víctima empieza a tener problemas para descansar, inclusive puede tener tendencia a experimentar pesadillas terroríficas. Todo esto deteriora la salud de la víctima a niveles preocupantes hasta evitar que se pueda desenvolver como una persona normal.

5. *Viven en una profundo nivel de desconfianza*

Debido a que la víctima ha sufrido el abuso narcisista de manera constante, es normal que le resulte difícil brindar su confianza a otras personas. Ahora cada persona que le rodea representa una amenaza y le provoca ansiedad pensar en las intenciones de los demás.

6. *La autodestrucción es un deseo latente*

Ser una víctima puede despertar en una persona sentimientos horribles como depresión, ansiedad y una mayor sensación de desesperanza con respecto a la vida. Una situación poco amenazante o quizá hasta inocua le parece a la víctima algo insoportable. Es debido a esto que la víctima desarrolla una sensación de impotencia que le lleva a la autodestrucción.

Es común también que las víctimas, al encontrarse solas, tiendan al auto sabotaje debido a la cantidad de información negativa que recibieron de sí mismas durante el tiempo que fueron abusadas.

7. *Piensa que estar aislado le mantiene seguro*

Aunque uno de los pasos que siguen los abusadores es aislar a sus víctimas, es más común que estás se aíslen a ellas mismas. Muchas veces es debido a que se sienten avergonzadas por el abuso que están experimentando y por cómo otros pueden tomar este maltrato.

Las víctimas temen que nadie logre entender o creer por lo que están pasando, por lo que deciden retirarse de los demás, separarse de la sociedad como una forma de evitar el juicio y las posibles represalias de su abusador.

8. *El éxito no se puede alcanzar porque provoca sufrimiento*

Como un sistema de defensa ante el abusador, que envidia y castiga el éxito o la alegría que su víctima logre desarrollar, las víctimas condicionan sus alegrías, intereses, talentos y áreas de éxito asociando con ellas un trato cruel e insensible. Este condicionamiento hace que teman al éxito para no sufrir represalias de parte de sus abusadores.

9. Síndrome de La Bella y la Bestia

Para reducir la batalla cognitiva que estalla en el cerebro de la víctima, una lucha constante entre lo que ella quiere y lo que su abusador le obliga a hacer, sobre todo cuando la persona que dice amarlo o protegerlo es la que le maltrata, las víctimas del abuso narcisista suelen convencerse de que el abusador no es realmente "malo", ni hace lo que hace a propósito, sino que ellos mismos provocan o se "ganan" ese comportamiento de parte del abusador.

Capítulo Cinco:

¿Cómo recuperarse del abuso narcisista?

Las personas que han sufrido un abuso, ya sea físico, emocional, psicológico o una truculenta combinación de todos ellos, a menudo se sienten avergonzadas de sí mismas, a tal grado de que llegan a creer que la responsabilidad de todo lo que les ocurrió no es de nadie más, sino suya. Lo cual desencadena un sentimiento de culpa tremendo que, en muchas ocasiones, deviene en un cuadro depresivo o en un estado de ira muy difícil de manejar.

En este capítulo abordaremos una serie de consejos para que las personas que se ven envueltas en el abuso narcisista logren hacerle frente, tanto si están pasando por la situación o si, afortunadamente, ya han logrado librarse de ella. De igual manera, se mencionan cuáles son algunas de las posibles consecuencias que el abuso narcisista puede tener en las víctimas. Lo que se busca es que la víctima sea capaz de valorar su situación, considerando y estableciendo los límites de en dónde comienza y termina su responsabilidad en todo lo que le ocurrió.

A muy pocas personas les agrada la palabra "víctima", por las connotaciones negativas que la palabra ha adquirido al paso del tiempo. Cuando se dice "víctima" en, muchas ocasiones, se piensa en automático en seres débiles, en personas tontas que han dejado que les hagan un daño terrible, sin intentar defenderse. Por lo cual, es muy comprensible que alguien que quiera salir del ciclo interminable del abuso narcisista, se oponga reiteradamente a recibir ese epíteto como calificativo de su identidad.

Uno de los primeros pasos para lograr salir de una relación de abuso es que la persona que la sufre, diga basta. Al momento en que quien padece abuso se harta de la situación a la que se enfrenta y comienza a defenderse, se da cuenta de que la solución a sus problemas estuvo siempre al alcance de su mano. Es muy común que después de salir de una relación de abuso, la persona experimente un aumento de su propia valía y autoestima, por lo cual se niegue a aceptar el rótulo de víctima, pues lo que no quiere es seguir pareciendo una persona indefensa de la cual otros se pueden aprovechar.

Sin embargo, es importante entender que en una relación narcisista hay dos víctimas, tanto quien abusa, como el que es abusado, han salido heridos por la relación que han establecido. Recordemos que un narcisista es una persona con una confianza y un ego tan pobre que necesita descalificar, humillar y someter a otros individuos, para poder afianzar su propia autoestima. La persona que ha sido sometida es la mayor de las víctimas, pues ha pagado con su dolor el falso bienestar de un narcisista.

He aquí la primera clave para hacer frente al abuso narcisista y recuperarse de las secuelas que él mismo causa en la psique de las personas, la cual es, aprender a quererse a uno mismo. Suena fácil decirlo, pero quien se ha visto sometido a una situación donde su valor e importancia han sido reducidos, puestos en duda y humillados durante días, semanas, meses e incluso años, no resulta tan sencillo comenzar a apreciarse a sí mismo.

Quien padece del Trastorno Narcisista de la Personalidad es alguien que tiene un falso sentido de grandiosidad hacia su propia persona. Son seres que se presentan como sujetos, ya sean hombres o mujeres, encantadores, inteligentes, filántropos o caritativos en un principio, para después descubrir que son todo lo opuesto a lo que ellos afirman sobre sí mismos. Existe un dicho popular que reza "dime de qué presumes y te diré de qué careces", los narcisistas llevan esta idea hasta el límite. Un narcisista patológico es aquel que miente descaradamente sobre sus cualidades aun cuando sabe que estas son inexistentes.

La conducta del narciso afecta a las personas que se ven envueltos en sus mentiras, pero no hay que olvidar que los primeros afectados son ellos mismos. Son seres con una personalidad tan dañada, tan insatisfechos con su propia vida y condiciones, que necesitan desesperadamente escapar a un mundo de fantasía donde puedan sostener sus mentiras.

Todo narcisista necesita de alguien de quien aprovecharse, alguien a quien tener bajo su mando y control, alguien a quien minimizar para ellos alzarse, alguien a quien humillar para ellos sentir que tienen poder. En un lenguaje metafórico, podríamos decir que los narcisistas son semejantes a las garrapatas que precisan de un usuario que los alimente con su sangre. Este usuario, la persona a la cual los narcisistas controlan y dañan, es una víctima.

Probablemente cuando la persona que se ha visto envuelta en un abuso, salga de él, se preguntará por qué no se dio cuenta antes si era tan obvio lo que le estaba ocurriendo, por qué no pidió ayuda antes o por qué no se alejó en la primer señal de alerta. Todo este tipo de reproches son normales y válidos, es natural que la víctima se sienta enojada, al sentir que desaprovechó su tiempo, su inteligencia e incluso su dinero, para que alguien más disfrutará de lo que ella misma se negó. No obstante, vivir perpetuamente con sentimientos de culpa y arrepentimiento tampoco es sano.

La víctima debe de asumirse como tal, aceptando lo que le ocurrió y perdonándose por su responsabilidad en la relación. No es un asunto sencillo, pero tampoco es imposible. Primero debe de entender que el ciclo de destrucción al cual fue sometida cumple con tres patrones principales: idealización, menosprecio y abandono. Una vez que comprenda qué fue lo que ocurrió, cómo logró otra persona controlarla y someterla, la víctima también entenderá porque no pudo escapar antes de lo que le estaba ocurriendo.

Tal vez la situación sea diferente y no fue la víctima quien escapó de la situación de abuso en la que estaba envuelta, puede ser que haya sido quien abusaba de ella quien la haya abandonado.

Este panorama resulta un poco más complicado de tratar, pues cabe la posibilidad de que la víctima ni siquiera sepa que es un víctima y que, incluso, esté deseando que quien abusaba de ella, regrese a su vida.

Sea cual sea la historia particular de abuso, toda relación de opresión cumple con el patrón antes mencionado: idealización, menosprecio y abandono.

Durante el proceso de idealización, todo parece perfecto, puesto que el narcisista se presenta como una persona genuinamente encantadora y la víctima no tiene razones para desconfiar de todo lo bueno que, en su vida, se está presentando. Después viene el proceso de menosprecio, en él, el narcisista comienza a tomar control de la situación, como no puede aparentar siempre y todas las veces ser lo que no es, comienza en breves instantes, a demostrar su verdadera personalidad. Durante esta etapa, el narcisista comienza a criticar y hostigar a su compañero, llamese hijo, compañero, amigo o pareja, descalificando todo lo que la persona realice. Es, a través de este comportamiento, que la víctima empieza a dudar de su valía y de sus propias capacidades.

Durante la etapa de idealización, la víctima no puede percatarse del peligro que corre, porque este todavía no se manifiesta y, durante la etapa de menosprecio, la víctima está tan confundida con respecto al gran cambio que se ha efectuado en el comportamiento de su compañero, que se ve, la mayoría de las veces, incapaz de entender qué es lo que está realmente ocurriendo.

Es la etapa de menosprecio la clave para afianzar la relación de abuso entre dos oponentes, es decir, entre el que abusa y el que es abusado. Con la diferencia de que quien es abusado no se ha dado cuenta de que se está viendo envuelto en una pelea, mientras que quien abusa, sabe perfectamente lo que está pasando y eso le da la ventaja de efectuar los primeros golpes, sin encontrar ningún tipo de oposición en su oponente.

En la etapa de menosprecio es donde el narcisista aprovecha para socavar la autoestima de su compañero, haciendo que se aleje de sus familiares y amigos, además de atentar contra su seguridad e inteligencia. Si la víctima comienza a mostrar señales de resistencia, entonces el abusador descalifica su criterio y su salud mental. Dicho en palabras más prosaicas, cuando la víctima intenta defenderse durante la etapa de menosprecio, es predecible que su abusador la descalifique, diciendo que está paranoica o loca.

Hay que recordar en este punto, que la personalidad narcisista es más común en los hombres y que las mujeres son, en la mayoría de las ocasiones, las principales víctimas. No obstante, este tipo de abuso puede surgir de manera inversa, la narcisista puede ser una mujer y su víctima un hombre. Al igual que el abuso narcisista puede darse en cualquier tipo de relación emocional, sin importar su tipo o el género de las personas que se vean envueltas. Es decir, el abuso narcisista puede ocurrir entre familiares, amigos, compañeros de escuela, religión o trabajo o relaciones afectivas románticas, tanto heterosexuales como homosexuales.

Mientras que la etapa de idealización tiene una duración definida que, en general, es breve, la etapa de menosprecio no tiene una duración definida, puede extenderse incluso durante años, dependiendo del talento de narcisista y del grado de autoestima de la víctima. Sin embargo, todo lo que inicia, tiene que acabar y, en algún momento, llegará la fase del abandono.

La fase del abandono es la más violenta de la relación de abuso narcisista. Es aquí donde la víctima empieza a defenderse de los ataques de su agresor y este, desesperado, intentará por todos los medios volver a someter a la persona a su voluntad. Puede incluso darse la posibilidad de que uno de los métodos del narcisista sea tratar de regresar a la etapa de idealización durante el proceso de abandono, para volver a embaucar a la víctima, haciéndole creer que todo está bien nuevamente y que las cosas van a mejorar entre los dos.

Un ejemplo de lo anterior se puede apreciar en la situación de las mujeres que son víctimas de violencia doméstica. Lo más seguro es que se hayan casado profundamente enamoradas de sus parejas, ilusionadas por conformar un hogar y forjar un futuro en compañía de la persona que amaban, solo para descubrir que su paraíso también estaba combinado con insultos y golpes. Después de un ataque de violencia es común que el agresor se muestre arrepentido, cariñoso y detallista, prometiendo que a partir de ese momento, las cosas serán distintas.

Hay que recordar que una persona narcisista, verdaderamente narcisista, es decir que efectúa daño a los demás de manera consciente y deliberada, además de disfrutar del proceso y de los resultados de sus actos, es peligrosa. Una persona que es malévola representa un riesgo para quienes están a su lado. Cuando este tipo de personas se dan cuenta de que están perdiendo el dominio de la situación, ante el miedo de quedar expuestos, pueden incluso recurrir a métodos amenazantes para seguir sometiendo a su víctima.

Es por lo anterior que la segunda clave para enfrentar el abuso narcisista es poner distancia entre el que abusa y es abusado. Quizás la víctima al comprender lo que le ha sucedido, lo que el narcisista le ha hecho, quiera tomar la venganza en sus manos y cobrar revancha, esta idea aunque justificada y seductora, es en el fondo una mala idea. La única manera de comenzar a romper el ciclo de abuso es separar a las partes que lo conforman. Dicho en otras palabras, si eres o has sido víctima de abuso, lo mejor que puedes hacer es comenzar a quererte y, enseguida, comenzar a correr muy lejos de quien te ha hecho daño.

Quizás en la situación en la cual se encuentre la víctima de abuso narcisista, no le permita romper todo contacto con el narcisista en un primer momento. Tal vez exista una cuestión de custodia, repartición de bienes o, incluso, una demanda, por la cual las dos partes tengan que volver a verse, estar en el mismo lugar al mismo tiempo, de manera repetida. En caso de ser ese el panorama, nos lleva a la tercera clave para poder afrontar el abuso narcisista, la cual es pedir ayuda.

Es muy importante que aquellas personas que

fueron sometidas a una relación donde fueron abusadas, ya sea de manera psicológica, física o ambas, pidan ayuda. De ser posible, el apoyo que deben de recibir es por parte de un profesional de la salud, un terapeuta certificado que pueda ayudar a las víctimas a aprender a lidiar con sus sentimientos. También es importante que la víctima de abuso tenga una fuerte red de solidaridad y apoyo, por parte de sus amigos y familiares. Por supuesto, cabe mencionar que también es importante que la víctima reciba ayuda de sí misma, por medio del auto cuidado, tratando de fortalecer su propia autoestima y trabajando en su propia sanación. Esta clase de libros, donde alguien intenta aprender más acerca de lo que es el abuso narcisista y cómo superarlo, es un gran paso, pero no debe de ser el único.

La quinta clave del proceso de recuperación es brindar tiempo a la recuperación. El daño no se va a reparar en un día, ni en una semana, costará tiempo y esfuerzo volver a unir todas las piezas en su lugar. Es un largo recorrido de trabajo de perdón, reconciliación y amor de la víctima consigo misma.

Como se ha aclarado, en una relación de abuso narcisista, son dos las víctimas. El que abusa, el que se aprovecha de alguien vulnerable, el que somete la voluntad de otras personas para su propio beneficio y necesita tener siempre la razón, es también una víctima de sí mismo. Sufrir un Trastorno de Personalidad Narcisista es una condición mental difícil, quienes la padecen no pidieron tener esta clase de personalidad. Es importante que el narcisista reconozca sus problemas y se atreva a solicitar ayuda de un profesional, de otra manera, su estilo de vida, su conducta y las consecuencias de sus actos nunca serán los más propicios para sostener una salud mental y física a corto, mediano, ni mucho menos largo plazo.

Una de las consecuencias del vínculo traumático entre las partes puede ser la codependencia. El que abusa no desea deshacerse de su víctima, al menos que ha haya conseguido sustituirla por otra persona, eso es obvio. Lo que resulta más complicado de entender, es cuando quien no quiere romper el vínculo con el narcisista, es la propia víctima. Citando de nuevo el ejemplo de las mujeres que sufren violencia doméstica, es muy probable que incluso defienden a su agresor y sientan que no sabrán qué hacer de no estar a su lado.

Esto se traduce a un alto grado de obsesión entre las dos partes. Es muy común que la víctima no deje de pensar en su agresor, en el daño sufrido y en toda la historia de relación en general. Este tipo de comportamientos, como su nombre lo indica, se vuelven compulsivos y repetitivos. La mente de ambas partes se ve saturada por el recuerdo de su contraparte.

Otra de las consecuencias que se observan en el abuso narcisista es el estrés postraumático que se presenta después de que la relación ha llegado a su final. En el TEP, la persona puede experimentar nervios, ataques de ansiedad y pánico. Además de desarrollar un nivel de paranoia donde cree encontrar en todas las demás personas los mismos síntomas de alerta de comportamiento de su agresor.

Como se podrá notar las secuelas del abuso narcisista son múltiples, entre ellas también se pueden enlistar los problemas alimenticios, tanto comer sin medida como privarse de cualquier tipo de alimento o buscar maneras de que el alimento, una vez ingerido, salga del organismo de una manera rápida, ya sea por medio de vómito o consumo desmedido de pastillas con efecto laxante; al igual la víctima puede presentar episodios de aislamiento, depresión y soledad; combinados con sentimientos de abandono, confusión y culpa; lo cual puede desencadenar una fuerte desmotivación en la persona, la cual no encontrará un sentido por el cual vivir.

Una de las más terribles consecuencias del abuso narcisista puede ser que la gente que se ha visto sometida a él, incapaces de lidiar con las consecuencias, opten por quitarse la vida, llegando así al suicidio. Un consejo que puede parecer poco ortodoxo, pero que funciona en la desesperación, es pensar que la mejor forma de vengarse del agresor narcisista que ha provocado tanto daño, es si la víctima logra sobreponerse al abuso y conseguir perseguir y obtener sus sueños, pues la envidia que el narcisista experimentará será abismal.

Toda víctima del abuso narcisista debe aprender a reconocer sus sentimientos tanto antes, durante y después del abuso sufrido, de esta manera logrará hacer frente a ellos de una mejor manera. Si la persona sabe lo que siente, será más fácil que aprenda a trabajar en sus emociones, además de controlarlas. Esto es especialmente útil teniendo en cuenta que los cambios de humor drásticos son frecuentes en las víctimas de abuso, su temperamento se vuelve volátil y, puede darse el caso, de que exageren sus reacciones como respuesta al nivel de estrés acumulado durante el abuso.

Imaginemos el caso de un hombre cuya anterior pareja lo celaba a niveles enfermizos, revisando sus cuentas bancarias, telefónicas y electrónicas constantemente, además de someterlo a incontables y largos interrogatorios acerca de su paradero, incluso cuando él se encontraba en el trabajo, en la escuela o en reuniones de negocio. Al terminar con la relación antes descrita, el hombre se siente abrumado y avergonzado consigo mismo por haber permitido tal trato hacia su persona. Después de un tiempo, comienza una relación con una nueva persona, la cual un día le llama para preguntarle dónde está, si va a venir a comer y el hombre explota, gritando por teléfono que él es el dueño de su tiempo y que él hace con el tiempo lo que más le plazca.

No es difícil suponer cuál es el punto del ejemplo anterior. El hombre no estaba realmente enojado con su segunda pareja, sino que seguía sintiendo rencor y odio hacia la persona que lo había sometido a un abuso de celos enfermizos. Si la persona no es capaz de lidiar con su propio estado de ánimo, entendiendo qué es por lo que está pasando, es muy probable que intente desquitar sus frustraciones, miedos y rencores en alguien que no le ha hecho daño.

Otra estrategia muy aconsejable es que la víctima de abuso logré pensar en las cosas contrarias a las que su abusador le ha asegurado. Es decir, si el narcisista ofendió a su víctima llamándola "indeseable", él o ella, debe de ser capaz de pensar lo opuesto a ello. Por cada ofensa recibida, se debe de encontrar una virtud manifiesta. Esto se puede enumerar como el sexto y séptimo paso de recuperación.

La octava estrategia para lograr una recuperación del abuso narcisista es que la víctima entienda que, quien la ha dañado, también es una víctima. Este proceso de aceptación, reconciliación y duelo puede resultar sumamente difícil si la persona piensa que dentro del abuso, ha sido únicamente ella quien ha sufrido las consecuencias. Lidiar con un narcisista es lidiar con una persona enferma, incapaz de entender la diferencia entre la fantasía y la realidad, lidiar con alguien que sufre el trastorno es vivir junto a un ser tan insatisfecho consigo mismo, con sus propias características y logros, que necesita humillar a alguien más, para fortalecer su debilitada autoestima. En otras palabras, la víctima de abuso debe de reconocer y recordar, en todo instante, que aquellas críticas y rechazos recibidos, eran una únicamente los propios pensamientos y sentimientos del narcisista sobre sí mismo, proyectados en alguien más.

Quien sufrió de abuso narcisista encontrará dificultad para lograr concentrarse en sus estudios, trabajo o labores cotidianas, experimentado una merma significativa en sus niveles de creatividad, atención y alegría. Por eso la novena estrategia para hacer frente al abuso, es conocida como terapia ocupacional o terapia artística, ambas terapias son distintas, pero ambas pueden lograr un resultado positivo en las personas que las practiquen. La terapia ocupacional consta de que la persona realice un trabajo, en el cual dedicando tiempo y esfuerzos, logré desviar su energía a buen propósito, en lugar de permitir que la mente siga recordando y pensando sobre el abuso. Una terapia ocupacional puede ser ofrecerse como voluntario en un albergue, hospital o comedor comunitario.

La terapia artística consiste en permitir que la persona logre enfocarse en la práctica de un pasatiempo de índole artístico, como puede ser la escritura, la pintura, la danza, la escultura, la actuación, el canto o cualquier otra expresión cultural. La terapia artística no busca generar artistas como tal, no es ese su objetivo, sino ayudar a quien la practica a canalizar sus emociones por medio del arte como una manera de desahogo.

Sin importar qué labor se elija en cada terapia, es preciso recordar que tener un pasatiempo es un método para despejar y desestresar la mente, además de resultar divertido y satisfactorio para la persona que lo práctica. En otras palabras, nadie tiene que ser necesariamente bueno en el pasatiempo que elige realizar, lo que importa es que encuentre alegría y gusto en realizarlo. No todas las personas que pintan van a tener o desarrollar el talento de Vincent Van Gogh, por ejemplo, pero sí es importante que todas las personas que eligen pintar como pasatiempo encuentren dicha en la práctica que realizan.

Hasta ahora este capítulo se ha abocado en su mayoría a enlistar consecuencias y brindar estrategias que, de manera general, van encaminadas a la recuperación del abuso, una vez que este ha finalizado. Pero ahora es momento de presentar un método con el cual hacer frente al abuso narcisista cuando éste esté de hecho ocurriendo. El método es sencillo y simple, consiste en darse la vuelta, cortando la conversación entre la víctima y su agresor. En el momento en que la persona se percate de que está siendo humillada, chantajeada, menospreciada e insultada, tiene que optar por retirarse del lugar. En cuanto la presencia, comentarios o actos de una persona le provocan un severo malestar debe optar por irse enseguida.

Por desgracia, este ejemplo parte de la hipótesis de que la víctima no está siendo sometida a un maltrato físico que le impida el movimiento. De ser ese el caso, se aconseja esperar a que el peligro haya pasado y, a la menor oportunidad, salir corriendo de ese lugar para nunca regresar.

Todas las estrategias aquí planteadas tiene el fin de ayudar a la persona que ha sido víctima de abuso de recobrar la confianza en sí misma, en los demás, en su entorno y en la vida de forma general. Se trata de que la persona logre colocar límites en sus próximas relaciones, tanto consigo mismo, como con los otros, sin sentirse culpable por ello. El sentimiento de pérdida que se puede experimentar al tomar separación de una relación abusiva es real y válido, pero no debe de extenderse más allá de un tiempo prudente. La víctima debe de entender que si bien ha perdido a aquella persona que pensó amar o que la amaba, en estos momentos, sin saberlo o aceptarlo todavía, acaba de ganar algo mucho más importante y duradero, que es el amor hacia sí misma.

Iñaki Piñuel, psicólogo de la Universidad de Alcalá, denomina el abuso narcisista como una violación del alma. Los efectos físicos, emocionales y psicológicos de una violación suelen ser abismales, es comprensible que el espíritu sufra cuando se ha visto sometido a este escenario, pero también se debe de recordar que aún se está con vida y que se tienen, aunque ahora parezca imposible, nuevas oportunidades que aprovechar. La sanación será lenta pero ocurrirá, es sorprendente de lo que el ser humano, con la atención adecuada y la voluntad para hacerlo, se puede recuperar. El abuso narcisista, contrario a muchas situaciones, como enfermedades mortales, tiene una salida.

Capítulo Seis:
¿Qué es lo que sigue después del abuso?

El capítulo cinco pudo sonar, lo admito, un poco desolador. En él se enlistan las consecuencias que el abuso narcisista puede tener en una víctima, pero además también se abordan las mejores estrategias para lograr superar el dolor, el miedo, la ira y la impotencia que el abuso puede ocasionar en las víctimas.

Si tú eres una víctima de abuso narcisista, no importa a qué nivel o qué estragos haya causado en ti tal relación, ni el tiempo que estuviste inmiscuido en ella, sea mucho o sea poco, alégrate de haber salido. Agradece el darte cuenta, cuando sea que lo hayas hecho, de la situación de socavamiento emocional, físico y racional a la cual estabas siendo sometido.

Si tú eres un familiar, amigo o pareja de una persona que ha sufrido un abuso narcisista, lo mejor que puedes hacer es tener paciencia, la mayor paciencia de la que seas capaz, pues las consecuencias del abuso serán muchas y, en ocasiones, puede que no logres entender todas las repercusiones del maltrato al cual tu ser querido fue sometido. Habrá también instantes en que tu comprensión llegará a su límite y te cansarás, llegando incluso al hartazgo, de seguir viendo secuelas del abuso, de manera repentina, aún cuando has hecho todo por ayudar. En ocasiones, lo único que la víctima necesita es paciencia, pues es muy probable que ni la persona misma entienda muy bien que le está sucediendo.

Si, por el contrario, tú eres un narcisista que ha abusado de las personas, utilizando a los demás como objetos con el propósito de conseguir tus objetivos de grandilocuencia a toda costa, sin importar el daño y el dolor que se originó en los demás como consecuencia de tus actos, planes y decisiones. ¿Qué te puedo decir? ¿Cómo te puedo llamar? Si estas arrepentido genuinamente es momento de buscar ayuda, intentar entender por qué eres cómo eres y por qué hiciste lo que hiciste, con el fin de que la misma historia no vuelva a repetirse una vez más. Alguien arrepentido, no únicamente llora, pide disculpas o se lamenta, sino que es capaz de empeñar su voluntad, su tiempo y su energía en cambiar.

Quizás, lector, tú no eres ninguno de los personajes anteriormente mencionados, puede ser que la curiosidad intelectual te ha traído a esta lectura, aunque no estés particularmente involucrado en un abuso narcisista. De todas formas, has hecho una buena decisión, pues recuerda que el conocimiento es poder y ahora qué sabes cómo luce un narcisista, cuáles son los tipos que existen, cuáles son sus métodos para abusar de las personas y las secuelas del abuso, estás preparado para reconocerlo y afrontarlo, en caso de ser necesario.

Sea cual sea la situación en la cual te encuentres, seas víctima o verdugo, observador, familiar, amigo o, incluso, hayas encarnado varios de estos personajes en tu vida, es importante preguntarse qué viene después de la ruptura del abuso y su proceso de recuperación. Lo que prosigue es aprender a afrontar la vida de una manera diferente, es decir, aprender a vivir de otra manera, cambiando hábitos, costumbres y pensamientos, para lograr una mejor versión de tu propia persona. Puede ser un cambio drástico, paulatino o mínimo, lo importante es que sea cual sea su grado o su tipo, la persona se sienta satisfecha con el ser en el que ha terminado por convertirse.

En este capítulo abordaremos tres temas principales que serán parte fundamental en la vida de cualquier víctima después del abuso. Lo primero es la aceptación de la persona ante su situación y lo segundo es aprender a entablar objetivos a corto, mediano y largo plazo, con el fin de poder lograr los deseos y las metas que se quieren conseguir. Si bien es cierto que no todos los planes que una persona traza para su vida, se consiguen, también es cierto que la sensación de haber intentando conseguir lo que se anhela, es una buena forma de inspiración. El tercer tema es aprender a establecer límites.

Hay que recordar siempre que el objetivo de una aventura no es su destino, sino el trayecto que se recorre. Una vez que se trabaja por conseguir metas, cuando la mente y energía de una persona está volcada en conseguir sus propósitos, es sorprendente las oportunidades y situaciones favorables que se van abriendo paso, muchas de ellas, agradablemente imprevistas.

Para que una víctima logre aceptar la situación en la que se vio envuelta, su propio carácter de víctima y el papel de víctima que también tiene quien abusó de ella, es importante que logre poner su situación en perspectiva. Para lograr lo anterior, debe de entender el contexto médico y social que envuelve al Trastorno Narcisista de la Personalidad del cual, sin desearlo y, por supuesto, sin merecerlo, ha sido víctima.

El Trastorno Narcisista de la Personalidad está catalogado en el grupo B de los Transtornos Generales de la Personalidad del Manual Diagnóstico y Estadístico de los Trastornos Mentales, el cual es elaborado por la Asociación Americana de Psiquiatría. El Trastorno Narcisista puede ser diagnosticado únicamente cuando la experiencia y el comportamiento de un individuo, sin importar su sexo o género, presenta un patrón perdurable a partir de la adolescencia o principios de la edad adulta. Este patrón afecta la manera en que una persona piensa, responde emocionalmente, funciona interpersonalmente y controla sus impulsos.

El Manual Diagnóstico y Estadístico de los Trastornos Mentales, abreviado DSM, tiene el propósito de ayudar al personal médico especializado, en su mayoría psiquiatras, para lograr diagnosticar correctamente a una persona con un tipo de trastorno, con un uso correcto clínico y forense del manual. Para que una persona logre obtener una cédula de psiquiatría, es necesario que primero curse una carrera de medicina de duración aproximada de seis años y después una especialización de, aproximadamente, cuatro años.

¿A qué quiero llegar con toda esta información? A que la víctima debe de ser consciente de que no poseía las herramientas profesionales, ni la preparación necesaria, para reconocer a una persona con Trastorno Narcisista de la Personalidad, ni estaba capacitada para lidiar con la situación que se le presentó. No fue su culpa no darse cuenta. Es muy probable que ni siquiera la propia persona que sufre del Trastorno Narcisista, sepa que su personalidad se engloba y se clasifica en un Manual de Psiquiatría.

La persona que padece del Trastorno Narcisista ha vivido la mayor parte de su vida de esta manera, pensando de la manera en qué piensa, creyendo realmente que el mundo es tal cual él o ella lo conciben, que los demás son los equivocados y ellos los correctos, además de creer que sus ansias de admiración y atención son normales. Estas personas no pueden saber que carecen de empatía si nunca han sentido amor, respeto o preocupación por otro ser humano, sus sentimientos de grandeza les son habituales, sus fantasías los dominan a tal grado que ya no alcanzan a diferenciar la mentira de la verdad, todo esto puede provocar que los narcisistas nunca soliciten ayuda profesional y su trastorno, por consiguiente, irá empeorando.

Si quien sufre del trastorno narcisista es posible que no sepa su situación, ¿por qué una persona externa tendría la responsabilidad de saberlo? Esto nos lleva también a la anterior conclusión, no es culpa de la víctima no haber identificado el trastorno narcisista en quien abusó de ella. Incluso hay casos donde el abusador como la víctima se rehúsan a asimilar el diagnóstico, en muchas ocasiones se tienen demasiados prejuicios sobre los trastornos mentales, que aceptar que se padece uno de ellos, o se ha sido víctima de un paciente mal tratado, escapa a la comprensión de las partes.

Esto nos puede llevar a otra pregunta, ¿por qué se origina el Trastorno Narcisista? Desgraciadamente no existe una respuesta concreta, a la cual los especialistas que se dedican al tema hayan llegado de manera consensuada. Al igual que sucede con los otros trastornos de ansiedad, el Trastorno de Personalidad Narcisista tiene una explicación de origen multifactorial. Las causas que se relacionan con su aparición se deben al entorno en el cual crece y se desenvuelve la persona que lo padece, además de su genética, combinado con su neurobiología.

El entorno en el cual una persona nace y se desarrolla es de gran importancia, por las repercusiones que tiene en la psique de la persona a corto o largo plazo. Cualquier relación que esté fuera del patrón de lo común y normal, puede desencadenar una personalidad distorsionada. La ausencia de los padres o, por el contrario, la excesiva devoción y preocupación de los progenitores sobre su vástago, aunado a un exceso de críticas o una paternidad ejercida sin límites, pueden desencadenar una conducta y percepción anormal de los hijos hacia la realidad.

Las enfermedades mentales se heredan a través de las familias. Hay mayor probabilidad de desarrollar un trastorno cuando uno, o más miembros de la familia, presentan un historial de problemas de salud mental. La genética es un campo que todavía no ha sido analizado a profundidad, no sé sabe exactamente qué genes provocan un trastorno narcisista de la personalidad.

La neurobiología, otro de los factores que afectan la personalidad, pueden provocar un comportamiento narcisista anormal, que puede ser clasificado como patología. La neurobiología es la conexión entre el cerebro, la conducta y el pensamiento de las personas.

Se estima la epidemiología del Trastorno Narcisista en menos de un 1% de la población mundial. Cabe aclarar que no toda persona con una autoestima exacerbada y una moral dudosa puede ostentar el título de narcisista de manera oficial, para poder ser acreditado con este rótulo, la persona mantiene la apariencia externa, hacia los otros, de contar con una autoestima grandilocuente cuando internamente se siente de la manera contraria, además debe de carecer de empatía y tratar de dominar y sabotear a los demás para fortalecerse así mismo. Una de las características distintivas de los narcisistas es un sentimiento de envidia, de gran espectro, hacia los triunfos o estilo de vida de las personas que los rodean.

Retomando las probabilidades de sufrir este trastorno, alcanzan el máximo porcentaje del 1% de la población mundial. Lo cual establece, con las cifras oficiales de población mundial en el 2020, que de las 6.000 millones de personas que habitan actualmente este mundo, un aproximado de 60 millones de ellas son narcisistas que pueden ser clasificados en el DSM V. ¿Es una cifra importante, verdad?

Para establecer la cantidad de narcisistas que pueden vivir en un país, utilicemos el ejemplo de tres naciones, México, España y Argentina. Se estima que en México viven 129.2 millones de personas, lo cual nos arroja una probabilidad estimada de un millón de personas que pueden sufrir de dicho trastorno. La población en España es de 46.66 millones, lo cual significa una probabilidad de 4 millones con un Trastorno de Personalidad Narcisista. Concluyendo con Argentina, cuya cantidad de habitantes se estima en 44.27 millones, quedando al mismo nivel que España, en cuanto narcisistas viviendo en su territorio.

Conocer toda esta información puede ayudar a que la víctima ponga en perspectiva su situación y se de cuenta de que no ha sido su caso de abuso, un suceso aislado e incomprendido. Si no que, por el contrario y también por desgracia, el abuso narcisista resulta más común de lo que nos gustaría admitir y experimentar. Si bien no se puede hablar de una pandemia de abuso narcisista, tampoco se puede asegurar que las personas que se ven sometidas a este clase de daño, son las menos y que se trata de un hecho aislado y sin precedentes, porque, como ya se ha visto, no es así.

Ahora que ya hemos abordado el primer tema de este capítulo que es el contexto del Trastorno de la Personalidad Narcisista, hemos de concentrarnos en el segundo punto que nos atañe, es decir, planear y concretar objetivos. Estos objetivos serán trazados a corto, mediano y largo plazo y veremos cuál es la mejor manera de escribir una lista con nuestras aspiraciones, logrando concretar y temporalizar proyectos o, lo que es lo mismo, saber qué es lo que queremos como individuos y cuando lo queremos.

Una persona que no tenga un sueño, que no tenga un camino por el cual andar, ni ningún tesoro que buscar es fácil que tienda al aburrimiento, a la apatía y a la desidia. Una persona que no sepa qué quiere hacer con su vida o ya, por lo menos, qué actividades quiere realizar durante el día, es fácil que regrese a viejos hábitos. Una persona debe de mantener siempre su cabeza ocupada en algo, si no ocupa sus pensamientos en sus propios deseos, dejará que sean otras personas quienes ocupen su tiempo y sus esfuerzos. No hay que olvidar que existen personas tan egoístas y egocéntricas, como lo son los narcisistas, que se aprovecharán de esta carencia de sentido y planeación de las personas, para tomar ventaja para su propio beneficio.

Entonces, ¿cómo trazar objetivos? Aunque no lo parezca, en algún momento de nuestras vidas, todos hemos planeado conseguir un fin, hemos tenido una meta y un propósito que guiará nuestros pasos. Durante cuánto tiempo hemos mantenido esos planes es lo que hace la diferencia entre una buena intención y un plan de vida. Por ejemplo, es muy popular, en diversas culturas a lo largo del mundo, comer 12 uvas en los doce últimos segundos del año, pidiendo en cada una un deseo de lo que esperan que suceda el próximo año. La gente acostumbra solicitar amor, dinero o salud, por citar algunos deseos.

Trazar objetivos que se puedan alcanzar consiste en abocarse con voluntad y diligencia a la tarea, trabajando en ella durante todo el año y no únicamente durante doce segundos. Para lograr esto es necesario escribir qué es lo que se busca y se quiere lograr en la vida, por lo cual necesitaremos un cuaderno o un documento en un aparato electrónico, al cual la persona pueda recurrir cada vez que lo necesite, de igual manera, irá actualizando este documento conforme progrese en su travesía.

Una vez que ya se tenga donde escribir los propósitos es necesario dividir las metas, de manera realista, de acuerdo al tiempo que calculemos que va a costar lograrlas o, por lo menos, acercarse a ellas. La temporalidad que se aconseja es de corto, mediano y largo plazo. Por corto plazo se pueden entender todas aquellas cosas que se puedan realizar el día de hoy, mañana, pasado mañana, la próxima semana y, máximo, los próximos siguientes doce meses.

En mediano plazo se engloban todas las actividades que puedan ejecutarse en un período comprendido de uno hasta cinco años. En este rubro puede enlistarse, por ejemplo, el finalizar estudios escolares. El largo plazo comprende todas aquellas cosas cuyas características ayudan a lograr la reputación que una persona quiere mantener sobre sí misma hacia el final de su vida.

Es un dicho popular, de gran veracidad, que soñar no cuesta nada. En la lista de objetivos se deben de escribir todas las cosas que la persona ha soñado tener para sí misma o para sus seres queridos, cuya responsabilidad le atañe. Una madre o padre de familia, podría escribir que una de sus aspiraciones es brindar una carrera universitaria a todos sus hijos. Un joven ambicioso e idealista podría tener la ambición de ser recordado en libros de historia. Un estudiante de cine, se puede ver a sí misma recogiendo un premio Óscar. Una joven escritora, cuyo trabajo ha sido apenas publicado en pequeños e independientes medios, puede codiciar para sí misma el Premio Nobel de Literatura dentro de treinta años.

Así como el anterior dicho popular que es veraz reza que soñar no cuesta nada, hay muchas personas que dicen que soñar no sirve para nada y tienen razón, pero solo cuando el que sueña se limita a soñar y no a trabajar en sus sueños. Para trabajar en los objetivos de manera realista y perdurable es necesario establecer duración y fechas límites. Obviamente, se deben cumplir estos parámetros para ver resultados. Es verdad que el camino puede parecer largo pero si no se empieza a andar, no importa cuánto tiempo transcurra, la persona se encontrará siempre en el mismo lugar, a la misma distancia de obtener aquello que tanto desea para sí misma.

Emplearé un ejemplo para poder plantear un plan de trabajo que vislumbre cómo se deben perseguir las metas. En este ejemplo en particular una mujer con obesidad de grado III, también llamada obesidad mórbida, desea bajar de peso, después de abandonar una relación de abuso narcisista que duró años.

Durante su relación tormentosa, el narcisista con el cual se tuvo que enfrentar, le repitió en innumerables ocasiones que ella era una mujer gorda y fea, que resultaba poco atractiva para las demás personas, incluso le aseguró que nunca sería objeto de deseo para nadie que no fuese él. Además de ese tipo de comentarios hirientes y repetitivos, él la engañaba con frecuencia, al ella descubrirlo, él le decía que ella había tenido la culpa, por resultar tan poco atractiva.

La mujer insegura y deprimida, engullía grandes proporciones de alimentos muy pocos nutritivos, su dieta estaba carente de verduras y frutas. Ella se sentía profundamente incómoda dentro de su cuerpo, no soportaba estar dentro de su propia piel y había dejado de mirarse a los espejos, rehuyendo del reflejo que estos le regresaban. Aunque quería bajar de peso, no sabía cómo hacerlo, pues consideraba que su gusto por la comida y su falta de gusto por la actividad física iban a ser dos grandes impedimentos.

Lo primero que ella hizo fue una lista de todas las cosas que no estaba dispuesta a hacer para poder bajar de peso. No quería tomar ningún tipo de medicamento para adelgazar, tampoco quería someterse a una intervención quirúrgica para deshacerse de toda la grasa que le sobraba; por su baja autoestima, el hecho de asistir a un gimnasio le horrorizaba, pues presentía por experiencias pasadas que los demás asistentes la iban a mirar, juzgar y reírse de ella.

En un primer momento puede parecer, por las decisiones de lo que ella no estaba dispuesta hacer, que la mujer no quería bajar de peso. Pero si examinamos la situación de manera diferente, podemos descubrir que una vez que ella enumeró todas las cosas a las cuales no estaba dispuesta a someterse, pudo empezar a pensar en qué podría hacer para lograr su objetivo. De esta forma, ella descubrió que sí estaba dispuesta a realizar ejercicio físico de bajo impacto en su hogar, además de cambiar su patrón de alimentación, sustituyendo unos alimentos por otros, además de estar dispuesta a probar nuevos platillos y privarse de otros.

Comenzó a investigar sobre qué alimentos eran los mejores para tratar de bajar de peso y los compró. Además de ello, investigó cuál era su índice metabólico basal, es decir, cuántas calorías necesita consumir para bajar de peso. Estableció una meta de pérdida de peso de 0.25 Kg por semana, lo cual le permitía cambiar su alimentación de manera gradual y no bruscamente, pues sabía que de practicar dietas demasiado restrictivas iba a terminar abandonando su propósito.

De igual manera comenzó a buscar rutinas de ejercicio para personas que sufren de sobrepeso en internet. Estableciendo, para empezar, una jornada semanal de ejercicio de tres días con sesiones de duración de treinta minutos. Sabe que los estudios aconsejan en adultos una actividad física de 150 minutos semanales mínimo, pero también es consciente de que al no haber practicado ningún deporte en toda su vida, era aconsejable comenzar a aumentar la intensidad y la duración de su jornada de actividad física de manera paulatina.

Estableció los días domingos como la fecha en la que tomaría su peso y sus medidas para comprobar su avance. Cambió su manera de pensar de "Tengo que bajar de peso tan pronto como pueda, por todos los medios posibles" a "Sin prisa pero sin pausas, paso lento pero constante". En un mes de seguir esta técnica ella adelgazó cuatro kilos, en seis meses, bajo dieciocho kilos y, en un año, la báscula ya marcaba un número mucho menor al original.

El mismo sistema puede funcionar de querer escribir un libro, finalizar con éxito un semestre en la carrera con buenas notas, pintar un cuadro, montar una exposición, cambiar de trabajo, conseguir trabajo, tonificar la figura o cualquier meta que nos imaginemos que sepamos puede estar bajo nuestro control.

Una vez abordado el segundo tema de este capítulo que fue establecer objetivos a un tiempo específico, lo tercero será aprender a establecer límites. Establecer límites es una manera de indicarnos e informarnos a nosotros mismos y a los demás lo que estás dispuestos a experimentar. Hay ciertas cuestiones que escapan a nuestra voluntad, como la muerte, los desastres naturales o contingencias imprevisibles, pero hay muchas áreas de la existencia humana que sí podemos aprender a dirigir. Por ejemplo, una persona no puede establecer el límite de que no quiere morir nunca, pues tal cosa sería imposible, lo que sí puede hacer es decidir que quiere vivir su vida de manera plena.

Los límites que una persona puede establecer para su propia existencia pueden ser clasificados en cuatro grandes tipos: físicos, mentales, emocionales y espirituales. De acuerdo a la definición misma que ofrece la Real Academia Española sobre el límite, dictamina que el límite es una línea real o imaginaria que separa dos terrenos. Eso es precisamente lo que es, el límite que una persona establezca para sí mismo, separará su persona del resto del mundo, por eso los límites que se establezcan tienen que ser saludables.

Los límites de tipo físico son aquellos que hacen referencia a la separación del cuerpo de la persona con los otros cuerpos con los cuales convive. Cada ser humano tiene derecho a gozar de un espacio personal que nadie puede traspasar o invadir, salvo con expreso permiso de quien lo posee. Establecer un límite físico es que la persona dictamine cuándo, dónde y con quién desea tener un contacto físico, desde dar un apretón de manos, un abrazo o mantener relaciones sexuales.

Si en algún momento alguien rompe sin permiso y en contra de la voluntad de la persona, el espacio personal de la misma, con la única motivación de lograr su propia satisfacción, esto indicará a la persona que debe de rehuir el contacto con quien se atreva a hacer tal cosa. Los narcisistas no respetan los límites de manera general, por lo cual es muy posible que ignoren de manera rotunda los límites físicos.

Los límites mentales son los pensamientos, opiniones y creencias que una persona ostenta. Es perfectamente normal que no todas las personas piensen igual, pero existen individuos que les gusta menospreciar, criticar y sabotear las ideas de los demás, cuando una persona cuenta con límites mentales será más apta para resistir este tipo de ataques, pues estableció con anterioridad cuál es la importancia y valor que le da a los comentarios y opiniones de otras personas.

Los límites de índole emocional son aquellos donde la persona establece su libertad de expresión y pensamiento, tomando en cuenta que su libertad termina donde comienza la de otro ser humano. Tener esta clase de límites protege a las personas de chantajes y manipulación, pues conoce sus emociones. Alguien con límites emocionales bien marcados, rehuye de relaciones abusivas y violentas, pues no está dispuesto a enfrentar emociones como ira, odio y desesperación constantes en su vida, sin justificación o causa válida alguna.

Los límites espirituales hacen referencia a las creencias de esta índole que tienen las personas. Los temas espirituales son cuestiones escabrosas por las múltiples creencias que las personas pueden ostentar. Es en este campo donde se pueden llevar a cabo las mayores críticas hacia las creencias de una persona, al igual que sucede con los otros límites, establecer límites espirituales ayuda a las personas a afrontar mejor las críticas y defenderse de los ataques.

Capítulo Siete:
¿Por qué un narcisista es un narcisista? Y ¿Por qué una víctima de abuso puede convertirse en quien abusa?

¿Has visto la serie de televisión de nombre *You*? En ella un librero de nombre Joe se enamora de una de sus clientas, de nombre Beck, a tal grado que la persigue, la acosa y la manipula para lograr captar la atención de ella. Todos los actos de Joe están respaldados, de acuerdo a su propio convencimiento, por el bien común de la relación y por el bien personal de Beck. Joe cree que lo único que quiere hacer es amar y proteger a su víctima, aún si está no se da cuenta de que es lo mejor para ella.

La historia, al paso del tiempo, se vuelve obsesiva y truculenta, hasta el punto en que Beck termina siendo secuestrada por Joe en una jaula, situada en un cuarto insonoro donde nadie puede encontrarla. Aún cuando Beck ruega por ayuda y clemencia, al verse privada de su libertad, Joe le dice que no comprende cómo es que Beck no se da cuenta de que puede aprovechar esa circunstancia, que él le está brindando, para manejar mejor su tiempo y sentarse a escribir.

En la segunda temporada de *You* podemos ver episodios sobre la infancia de Joe, como su padre le asegura que la única manera de obtener la verdad de las personas es infringiendo dolor, para que no se reserven información, sino que cuenten las cosas tal y como sucedieron. Además de eso, nos enteramos que la mamá de Joe es una mujer propensa a la infidelidad, que privilegiaba sus relaciones extramatrimoniales sobre su responsabilidad como madre de familia.

A partir de estas circunstancias adversas, la conducta de Joe es más comprensible para el espectador. El protagonista creció en un hogar anormal, carente de afecto y verdadera protección, donde existió violencia física, maltrato psicológico y engaños por parte de sus dos progenitores. Aunque esto no justificaba ni disculpa los actos de Joe como adulto, puede explicar en dónde aprendió Joe a comportarse de la manera en que lo hace.

Como se ha mencionado en los capítulos anteriores, el Trastorno de la Personalidad Narcisista no tiene una causa aceptada oficialmente, su aparición se debe a una serie compleja de factores de genética, neurobiología y entorno social. Lo que es innegable es que el entorno en el cual una persona crece puede afectar severamente su manera de comprender el mundo y comportarse con las personas que le rodean.

Inclusive es factible que una víctima de abuso narcisista se convierte, una vez que ha salido de la relación donde fue sometida, en una persona que abusa de otras personas. Esto podría resultar paradójico para muchos lectores, que no comprenden como alguien que sufrió tanto es capaz de efectuar ese mismo sufrimiento en otra persona. Sin embargo, es común que una persona que estuvo privada de control quiera ahora ejercerlo sobre otros.

A menor escala esto se ve reflejado en parejas sentimentales que, una vez que han terminado una relación romántica con alguien que se aprovechó de su buena voluntad, opten por cambiar su comportamiento drásticamente con la siguiente de sus parejas. Si una persona descubre que su anterior pareja le fue infiel, es probable que quiera en su nueva relación ser ella la infiel. Si una persona era sumamente detallista en su anterior relación fallida, quizás sienta que hizo el ridículo y deje de comportarse de esa manera con su nueva pareja.

Una respuesta emocional normal ante el abuso es que una vez que la víctima comprende qué le ha sucedido, cómo han jugado con sus emociones, pensamientos y vida en general, siente un deseo irrefrenable de venganza. Hay un dicho popular que reza que muchas veces, cuando alguien desea desquitarse del daño causado, no busca quien le ocasionó el mal, sino quién pagará por el mismo.

Lo mismo sucede con las víctimas del abuso narcisista, en muchas ocasiones buscan con quien desquitar el coraje y la impotencia que sienten ante el maltrato de quien abusa de ellas. Esta transferencia de sentimientos puede afectar a los amigos, parejas, familiares, hijos o cualquier persona del entorno de la víctima, por lo cual es muy importante que se aprenda a reconocer y a lidiar con los sentimientos y pensamientos que devienen después de haber vivido una situación de maltrato y abuso.

Si bien es muy poco probable que una víctima de abuso narcisista desarrolle el Trastorno de Personalidad Narcisista ella misma, porque como ya se ha apuntado, este trastorno de la personalidad es resultado no solo de un ambiente de desarrollo viciado, sino también de una causa genética y neurobiológica, sí es muy posible que después de haber sufrido el abuso, la víctima adquiera hábitos y comportamientos de un narcisista, los cuales podían ser: ego falsamente exacerbado que oculta una depresión mayor, preocupación desmesurada por su reputación y falta de empatía.

No hay que olvidar que el ser humano es un animal de costumbres, que adquiere hábitos conforme lo que observa y aprende de otras personas. Al estar sometida la víctima a la influencia de un abusador narcisista, necesaria y ciertamente aprenderá hábitos que no serán del todo saludables para su vida futura, mismos hábitos pueden proseguir aun cuando la relación de abuso con el narcisista ha finalizado.

¿Cuál es la responsabilidad de los padres?

Si bien es cierto que como personas adultas no podemos responsabilizar a nuestros padres de todos los errores que cometemos, también es cierto que la influencia de su crianza nos acompañará por el resto de nuestras vidas, de una manera o de otra.

En ocasiones se puede imaginar la infancia de un narcisista patológico como difícil, tal vez se dé por hecho de que sufrió de maltratos y abusos físicos y psicológicos en su hogar, mientras crecía. Desgraciadamente una paternidad descuidada y violenta tiene las mismas consecuencias negativas que una paternidad relajada, sin límites, donde los hijos son demasiado consentidos.

Un padre ausente puede provocar el mismo daño a la psique que un padre complaciente que es incapaz de regañar a su hijo, establecer límites y sancionar conductas poco adecuadas de su vástago. La excesiva indulgencia con el niño le puede hacer creer que sin importar qué haga, siempre será disculpado.

Los narcisistas giran entorno al precepto de que lo más importante son ellos mismos y nadie más, esto puede deberse a padres en extremo consentidores, que cedían al momento a las demandas de sus hijos, complaciendo todos sus caprichos.

De acuerdo a la revista *Proceeding of the National Academy of Sciences,* la repercusión que tiene la crianza de los padres en el origen del Trastorno de la Personalidad Narcisista es mayor del que se pensaba. Cuando los padres educan a sus hijos bajo el precepto de que ellos merecen amor, merecen fortuna, merecen atención, merecen cuidado o merecen cualquier cosa que se nos pueda ocurrir, el niño crece creyendo esto como una verdad absoluta, así que exigirá que los demás le proporcionen aquello que le dijeron desde niño que merecía tener.

Puede aquí refutarse esta conclusión, alegando que muchos padres les aseguran a sus hijos que son merecedores de muchas cosas, pero no por ello todos estos niños crecen y desarrollan una personalidad narcisista. Sin embargo, aquí lo que se señala es el comportamiento extremo de los padres de hacer creer al niño que no hay nadie tan bueno como él, que él es el mejor y que los demás no están a su misma altura, ni nunca lo van a estar.

La clave para evitar criar a un niño egocéntrico, el cual se convertirá en un adulto con las mismas características, es el balance. El niño debe de aprender que tiene derechos, pero que los demás también los tienen, que también le atañe al igual que a los otros ciertas obligaciones que debe de cumplir, que su conducta se debe de regir por reglas y límites, que él sin duda es especial pero que las personas que le rodean también lo son.

Se debe de alentar a las personas desde su más tierna edad a buscar el bien común y no únicamente el beneficio propio. Es importante inculcarle al niño que su personalidad debe ser un equilibrio entre lo que él piensa de sí mismo o lo que los demás piensan de él, sin dejar que ningún lado de la balanza pese más que el otro. No hay que prestar excesiva preocupación y atención a las opiniones ajenas, es cierto, pero estas tampoco deben ser ignoradas de manera absoluta.

La regla de oro de la sociedad es no hacerle al otro, lo que no te gustaría que el otro te hiciera a ti. Inculcar a un infante una crianza de balance, donde se aborde la empatía, la piedad y el apoyo, puede ayudar a niños con disposición genética a los trastornos de personalidad, a tener otro acercamiento a la realidad para controlar sus ansias de poder y dominio.

Se puede apreciar una conducta narcisista en un niño que toma más para sí mismo, sin importarle qué es lo que les va a tocar a los demás. Esta clase de infantes tiende a tomar decisiones imprudentes sin pensar en las consecuencias, porque sabe que, al final del día, no habrá una consecuencia seria por sus actos temerarios.

Otra señal de alerta de una personalidad narcisista es la niña que no es capaz de afrontar el fracaso de manera normal, sino que incluso puede presentar ataques de rabia o tristeza fuera de proporción. Esto se puede presentar al no ser elegida como la chica más linda del salón o no obtener las mejores calificaciones.

Los padres de una persona con Trastorno Narcisista de la Personalidad

Los padres de una persona que sufre de narcisismo suelen ser sus primeras víctimas, pues son las personas del entorno más inmediato del narcisista, además de que el amor que pueden profesar a sus hijos, los hace blanco fácil para abusar de ellos. Si el hogar en el cual creció un niño está sumergido en la violencia, en la falta de comunicación, falta de tiempo de calidad y en la educación permisiva, los padres pueden esperar un trato similar al que ellos ofrecieron.

Algunos niños, sin importar su género, tienden a ser más impulsivos que sus contrapartes, lo cual les permite desarrollar una facilidad mayor para cometer actos violentos. Lo cual puede desencadenar gritos y reproches de los hijos hacia los padres, cuando estos se sientan frustrados por el estilo de vida que se les ha sido dado. Por ejemplo, un adolescente con trastorno narcisista puede envidiar a sus compañeros de clase que tienen una posición socioeconómica mayor a la que él tiene, lo cual puede provocar que culpe a sus padres por no haber enriquecido más a la familia.

Si el niño no tiene una tolerancia desarrollada ante el fracaso, intentará desquitarse cuando las cosas no sucedan como espera, con las personas más cercanas de su entorno, también con aquellos que siente tiene bajo su dominio y que sabe que perdonarán sus actos. Por esta razón se puede entender el aumento de agresión de los hijos a los padres en los últimos años.

¿Cómo tratan los padres narcisistas a sus hijos?

No es poco común que adultos con Trastorno Narcisista de la Personalidad, diagnosticados o no, conscientes o no de su trastorno, tengan hijos y tengan que responsabilizarse de su crianza. Los hijos de los narcisistas, al igual que una vez lo fueron los padres de los narcisistas, pueden ser la víctima ideal para el abuso, por la proximidad y la nula defensa que pueden ejercer sobre su agresor.

Existen cinco características que pueden evidenciar si alguien fue criado por padres narcisistas, las cuales son:

Abandono

Los hijos criados por personas narcisistas tienen un fuerte sentimiento de abandono en su interior. Los padres narcisistas son incapaces de profesar amor y atención a sus hijos, por el contrario, exigen que sean sus vástagos quienes los quieran, los admiren y, muchas veces, hasta los cuiden.

Los padres narcisistas están demasiado ensimismados y preocupados por sus propias necesidades y deseos que omiten preguntarse y preocuparse por aquello que sus hijos necesitan. Lo cual provoca en los niños un sentimiento de aislamiento.

Las personas que crecen con este patrón de conducta son susceptibles a soportar una serie de maltrato a lo largo de su vida, con tal de no perder al objeto de su afecto, pues no soportan ni el rechazo ni el abandono, al creer que es su culpa que los demás no quieran estar a su lado.

Rechazo

Las personas que crecen junto a padres narcisistas tienden a alejarse y rechazar el contacto con las otras personas, a medida que crecen, pues al no haber obtenido de sus padres ni amor, atención o cuidado, crecen pensando que ellos mismos no son dignos de ser amados, que no merecen que nadie les preste atención.

Los niños crecen pensando que hay algo tan mal en ellos que ni sus propios padres fueron capaces de amarlos. Lo cual provoca que se aislen de la sociedad para evitar más desilusiones y heridas, tienen miedo de corroborar que no son sujetos especiales.

Humillación

Sin lugar a dudas, los hijos de los narcisistas recibirán comentarios negativos y humillantes por parte de sus progenitores. Esto puede ocasionar dos conductas, por un lado, el niño puede crecer con codependencia hacia las demás personas, necesitando que le repitan constantemente que es una persona valiosa, o, por el otro lado, el infante puede desarrollar una conducta agresiva donde es él el que humilla y maltrata a las demás personas, bajo la defensa de adelantarse a futuros ataques que puedan producirse.

Cualquiera que sea la respuesta del niño ante la humillación, ya sea el sometimiento o la agresión, ambas cosas son síntomas de una autoestima dañada.

Traición

Es de esperar que un progenitor narcisista, ya sea el padre o la madre, no cumpla las promesas que le hace a sus hijos, por considerar que otros asuntos son más importantes. Lo cual genera en el niño un sentimiento de fraude y traición, es probable que cuando el niño crezca se convierta en un adulto que no soporta los errores, con una personalidad perfeccionista, que quiere saber todo lo que sucede e incluso desea conocer lo que está por suceder, para no tener que lidiar con las sorpresas.

Injusticia

Las personas con patología narcisista quieren imponer su voluntad por encima de la de los demás. Sus hijos son blancos fáciles para practicar sus tendencias egocéntricas, pues los niños saben que tienen que obedecer a sus padres, por lo cual los narcisistas se aprovechan y demandan, en muchas ocasiones, cosas injustas de sus hijos.

Señales de una crianza narcisista

La terapeuta Wendy Behavy, autora del libro *Surviving and Thriving with the Self-Absorden,* pronostica que del total de la población afectada con el Trastorno Narcisista de la Personalidad, únicamente del 2% al 16% recurren a buscar ayuda profesional, eso quiere decir que todas las demás personas que sufren de dicho trastorno de la personalidad viven sus vidas sin ningún tipo de tratamiento, es decir, puede ser que nunca sepan que su percepción de la realidad está alterada.

¿Cómo puede estar una persona completamente segura de que uno o ambos de sus progenitores son narcisistas?

Desgraciadamente, salvo que un médico especializado haya diagnosticado oficialmente el trastorno, no hay una manera real de asegurarlo con total fiabilidad, pero reconocer las señales que se presentan ante una crianza narcisista puede ayudar a despejar las dudas.

Primera señal, las personas criadas por padres narcisistas tienden a dejar de lado sus necesidades, privilegiando sobre los suyos, los deseos, los sueños y los problemas de otras personas. Esto ocurre porque al tener padres que eran incapaces de preocuparse por alguien más que no fuesen ellos mismos, los niños crecen con la creencia de que su vida, sus necesidades y sus derechos siempre deben ser puestos en segundo lugar de importancia.

Es concebible pensar que cuando una persona crece en un ambiente egoísta y unilateral, crece pensando que no quiere de ser del mismo modo que sus padres, por lo cual, se puede transformar en una persona que teme decir lo que quiere y necesita, a riesgo de parecer demasiado ególatra y ensimismado.

Segunda señal, la persona teme ser un narcisista. Temer convertirse en una persona narcisista puede manifestarse de dos maneras, una es que la persona se vuelve codependiente de otras personas y la otra es que la persona se vuelve agresiva, incluso violenta con sus semejantes. Esto se debe a que el temor de ser un narcisista, provoca que el sujeto se niegue a aceptar y abrazar todos sus sentimientos.

Una persona codependiente tiene tanto miedo de resultar ser egoísta que se esfuerza en poner sus necesidades en segundo plano. Una persona agresiva tiene temor a aceptar sus sentimientos de vulnerabilidad, porque supone que los demás se van a aprovechar de sus sentimientos y tomar ventaja, como alguna vez lo hicieron sus padres.

Tercera señal, los hijos de un narcisista pueden resultar personas demasiado competitivas o resentidas con sus semejantes. Los padres narcisistas tienen, a grandes rasgos, dos modelos de crianza. En el primero, los padres narcisistas educan a sus hijos como si estos fuesen perfectos, por lo cual, los niños nunca pueden equivocarse, ni mucho menos quedar en segundo lugar. En el segundo modelo, los padres educan al niño como si este no tuviese ningún tipo de talento o importancia.

En ambos modelos, hay un daño a la psique del individuo. El primer modelo de crianza nombrado formará personas sumamente competitivas que no sepan afrontar el rechazo o el fracaso, sintiéndose demasiado abatidas cuando las cosas no ocurran como ellos las planearon. El segundo modelo, en cambio, puede producir personas resentidas con sus padres por haberlo hecho sentir tonto la mayoría del tiempo o, por el contrario, como ya se ha mencionado en puntos anteriores, se puede crear un sentimiento de inferioridad.

Cuarta señal, las personas criadas por padres narcisistas sienten que ellos fueron más la pareja o incluso los padres de sus padres que sus propios hijos. Un narcisista se comporta como si fuese el centro del mundo, esta conducta puede verse reflejada en un profundo sentimiento de grandiosidad que se refleja en una conducta arrogante o, por el contrario, en una inclinación por parecer siempre una víctima a los ojos de los demás.

Sea cual sea el comportamiento por el cual una persona refleje su personalidad narcisista, puede hacer sentir a sus hijos, que ellos tienen la responsabilidad de cuidar a sus padres. Una madre narcisista con un comportamiento extravagante y fuera de lugar en eventos sociales, puede provocar que su hijo opte por comportarse como un padre que debe de regular la conducta de su hija adolescente. Un padre deprimido y desobligado, puede provocar que sea su hija quien, desde temprana edad, se haga responsable del cuidado de la casa.

Quinta señal, las personas con crianza narcisista tienden a creer que su valor reside únicamente en los logros que son capaces de lograr. Al crecer con uno o con ambos padres narcisistas, personas que se creen diferentes y superiores al resto de las personas, es posible que solo valorarán a sus hijos cuando estos demostrarán ser mejores que el común denominador de los otros niños. Estos niños al crecer piensan que solo son dignos de cariño, afecto y respeto si salen victoriosos de todas las metas que se planteen.

Sexta señal, los hijos de narcisistas tienden a sentir que son únicamente una proyección de sus padres. Recordemos que las personas que sufren de una patología narcisista son incapaces de empatizar con las necesidades de los demás, además de que no ven al resto de las personas como seres humanos con derechos y obligaciones propias, sino únicamente como objetos que pueden utilizar para ellos conseguir sus propósitos.

Por todo lo anterior, es probable que los padres hayan querido cumplir, por medio de sus hijos, sus deseos y sueños reprimidos, logrando así que el niño, ante la innegable necesidad de sentir afecto, hayan aceptado cumplir las expectativas de sus padres, aunque no fueran las suyas propias, con el fin de sentirse amados y apreciados por sus progenitores.

Consecuencias de una crianza narcisista

Una manera de ejemplificar el Trastorno de Personalidad Narcisista es cuando una persona cree ser Superman. El narcisismo es una parte natural del comportamiento humano, una dosis aceptable es necesaria en todas las personas, lo que no es normal es una gran acumulación de narcisismo, con el cual la persona se crea superior a los demás.

Un padre narcisista es aquel que está completamente desvinculado emocionalmente de sus hijos. Ejemplo el padre que abandona a su familia, pues siente que su sueldo no le alcanza para llevar la vida que él desea tener y además alimentar a personas que dependen por completo de él, así que prefiere irse sin mirar atrás. Otro ejemplo puede ser la madre que, por estar ocupada con sus propios asuntos personales, de cualquier índole, descuida la crianza de sus hijos.

Un padre o madre narcisista es aquella persona que comienza a ver a sus propios hijos como un estorbo, que les impide desarrollar sus vidas de la manera que desean, ya sea en las áreas amorosas, sexuales, profesionales, etc. Esto provoca un fuerte sentimiento de abandono en el niño que, aunque muchas veces no lo haga consciente, no siente ser lo suficiente valioso, por lo cual ni sus propios padres le brindaron cariño ni atención.

Los hijos de padres narcisistas son más propensos a desarrollar trastornos de alimentación, episodios de depresión y ansiedad, además de problemas para establecer límites o regular la propia conducta, unido a una baja autoestima, que puede desencadenar abuso de sustancias, perfeccionismo y una percepción de la realidad alterada.

Como sus padres nunca se preocuparon realmente por ellos, los niños criados por progenitores narcisistas, no lograron desarrollar buenas relaciones de apego en su infancia. Las cuales son claves para lograr una buena relación y adaptación social con sus semejantes, por lo cual los niños crecen siendo desconfiados y, en caso extremos, paranoicos, pues una pregunta acecha su mente: ¿si mis propios padres no me quisieron, por qué tendrían que quererme un desconocido?

En resumidas cuentas, podemos concluir, aunque existan muy pocos estudios sobre el tema, que una crianza narcisista provoca serios problemas psicológicos a corto, mediano y largo plazo a las personas que fueron sometidas a esta clase de abuso. El abuso narcisista contra un infante es un acto sumamente más injusto que la relación de abuso narcisista que se pueda forjar entre dos adultos, pues en este caso, una de las partes, es una persona indefensa que depende por completo de un adulto que en lugar de protegerlo, lo maltrata.

Muchos especialistas coinciden en que los hijos de los narcisistas patológicos presentarán grandes cargas de duda e inseguridad, no se pone en duda el hecho indiscutible de que una mala crianza traerá consecuencias negativas para los sujetos que fueron sometidos a ella. Lo que no se sabe a ciencia cierta y aquí está el mayor de los riesgos, es la manera en cómo estas consecuencias negativas se manifestarán.

No es por querer sonar alarmista, pero varias de las características principales de un narcisista como son: importancia exagerada de la propia valía, carencia de empatía, falta de preocupación por las demás personas y un fuerte sentimiento de vanidad, son características comunes de asesinos, los cuales crecen en ambientes familiares viciados, carentes de afecto e importancia.

Lo anterior no trata de concluir ni señalar que todos los hijos de narcisistas terminen por convertirse en delincuentes y, mucho menos, en potenciales asesinos. Lo que sí es cierto es que la psique de una persona puede verse sumamente dañada por una crianza irresponsable a tal grado de llegar a límites terribles.

Conclusión

A partir de siete capítulos nos hemos adentrado al conocimiento sobre el Trastorno Narcisista de la Personalidad, abordando cuáles son sus causas, sus características, sus tipos y consecuencias. No ha sido un viaje en extremo placentero, pues hemos descubierto que el narcisismo es una patología que quien la padece no fue responsable de tenerla, pero que dependiendo del tipo de persona con la cual estemos tratando, puede aprovecharse de su condición mental para de manera despiadada y deliberada, hacer daño a sus víctimas.

También puede ocurrir que quien sufre de una patología narcisista no lo sepa y su carácter egoísta, falto de empatía y remordimientos, que vela únicamente por su propio bienestar y beneficio, sea una conducta tan normal y cotidiana para el narcisista, que no alcance a entender el daño que puede provocar a las personas más cercanas a su entorno.

El abuso narcisista es una situación traumática en la cual la víctima se siente al principio responsable y culpable de lo que ha ocurrido, para luego manifestar fuertes síntomas de depresión e ira e impotencia por lo sucedido. Las consecuencias de un maltrato psicológico y físico sobre una persona, desgraciadamente provocan secuelas a corto y largo plazo que pueden resultar devastadoras para la calidad de vida de la persona, sino aprende cómo manejarlas y enfrentarlas.

Una de las claves para superar el abuso narcisista es la propia autoestima y autovaloración. Otra de las claves es el conocimiento, no hay que olvidar nunca que el conocimiento es poder, si se entiende qué es y qué no es el trastorno, cómo se manifiesta, por qué lo hace, cuándo lo hace, cuál es el perfil del narcisista, cuál es el perfil de las personas que son más propensas a caer en este tipo de abusos, cuáles son las señales de riesgo que hay que tener en cuenta, cuáles son las consecuencias, cómo aprender a lidiar con los sentimientos y pensamientos confusos que origina el abuso, entonces es más sencillo afrontar la situación, pues ya se tiene el arma del conocimiento a favor.

En el capítulo uno pudimos conocer qué es el narcisismo, quién es un narcisista, cómo luce un narcisista, cuáles son los síntomas del trastorno de personalidad, cuáles son los comportamientos narcisistas más comunes, los tipos de narcisismo, las formas más comunes de abuso narcisista y cómo el narcisismo puede afectar la vida de cualquier persona.

En el capítulo dos continuamos adentrándonos a la descripción del narcisismo, los subtipos de personalidad narcisistas y cómo se manifiestan, además de conocer la importancia del amor propio para lograr sobrevivir a un abuso narcisista. En el capítulo tres se abordó un poco más la descripción de la personalidad de los narcisistas como un trastorno de conducta y personalidad.

El capítulo cuatro planteó el problema del abuso narcisista desde la descripción de cómo es amar y vivir con una persona con dicho trastorno, además de exponer cuáles son las clases de sufrimiento que provoca el abuso narcisista en las partes involucradas en la relación.

El capítulo cinco se concentró en mostrar las consecuencias del abuso narcisista a corto, mediano y largo plazo en las víctimas, además de sugerir diversas estrategias y método para lograr hacer frente a este tipo de maltrato, ya sea psicológico, físico o una combinación de ambos. El capítulo seis a hondo en la importancia de los límites para lograr sobrellevar las secuelas en el futuro de la víctima, pues el abuso siempre será parte de ella y sobrellevar el trauma es una prueba de toda la vida.

En el capítulo siete se abordaron dos grandes temas, por un lado por qué una víctima de abuso narcisista puede desarrollar la misma conducta que su abusador, además de la importancia que los padres tienen en la crianza de una persona con trastorno de la personalidad. En el capítulo siete pudimos saber cuál es la responsabilidad de los padres en el Trastorno Narcisista de la Personalidad, cómo son los padres de una persona con este trastorno, cómo tratan los padres narcisistas a sus hijos, cuáles son las señales de una crianza narcisista y cuáles son las consecuencias de una crianza narcisista.

Sin duda alguna, el Trastorno de Personalidad Narcisista es un tema demasiado extenso, cuya amplitud e importancia no hemos podido englobar por completo. El estudio de su razón de ser, de sus rasgos y consecuencias en aquellos que lo padecen, además de en los círculos inmediatos de una persona con el trastorno, son tema de estudios para médicos, psiquiatras, psicólogos, psicoanalistas y demás personal capacitado en el campo de la salud mental.

Lo que este libro y cualquier otro de su clase, puede hacer por ti, es darte los elementos básicos para entender el vasto mundo de los trastornos de personalidad, acercarte la información básica sobre lo que es el narcisismo y tratar de ser una guía para entender y, en dado caso superar, el abuso narcisista que se puede originar a partir de una relación carente de amor y límites entre dos personas.

Que quede claro, un poco de narcisismo en la vida de cada quien no es perjudicial, incluso es necesario y sano. Cada persona debe de aprender a apreciarse a sí misma, valorar sus logros, luchar por sus metas y sentirse bien consigo mismo. El problema que sucede con un narcisismo desmedido es lo mismo que pasa con todas las cosas cuando llegan a un extremo, la virtud se puede volver un vicio. No es normal sentirse el centro del mundo, ni pensar que únicamente son nuestros intereses los que importan, qué deberíamos de acaparar las conversaciones y ser la única preocupación y prioridad de la vida de todos aquellos que nos rodean. Una vez que estos síntomas se hacen presente, lo mejor que podemos hacer, por nuestro propio bien, por el de nuestros seres queridos y el de la sociedad en general, es buscar ayuda, antes de que la situación se nos escape de las manos.

Todas las personas tienen un talento, algunas lo explotan más que otras. Hay personas que son buenas para escribir, otras para dibujar, pintar, construir, componer música, levantar puentes, hacer planos, elaborar planes de trabajo, especular en la bolsa, enseñar e impartir conocimiento, cocinar, etc. El que alguien sea muy virtuoso en alguna rama de la vida es algo bastante bueno y merece reconocimiento, pero ello no significa que la persona sea mejor que el resto de la población, ni que merezca un trato diferente. Admirar a alguien nunca debe significar humillar a alguien más.

El narcisismo en su cara más cruel es una completa desvinculación de la persona que padece dicho trastorno de la personalidad, con los demás seres humanos. La persona narcisista en su peor faceta, conciente o inconcientemente, pero igual de peligroso y dañino, es capaz de sabotear la autoestima de otra persona, para sentirse como la persona más importante, inteligente o bella de la habitación. A esta clase de narcisistas con nula empatía y preocupación por los demás, no le importa mentir, manipular, chantajear, humillar e incluso ejercer violencia, con tal de conseguir sus fines.

Repito, todas las personas pueden verse envueltas sin desearlo ni buscarlo en una relación de abuso narcisista, donde su integridad como personas se verá mermada. Pero también repito que hay una mayor disposición a volverse víctimas por cierta parte de la población. Las personas con baja autoestima, con una pobre percepción sobre sí mismos y sus propios logros y codependientes, es fácil que se dejen seducir por personas que aseguran ser mejor que nadie.

Una persona con Trastorno Narcisista de la Personalidad cuya conducta no ha sido diagnosticada y, mucho menos, tratada, puede ser un peligro para sí mismo y para los demás. Es a tal grado su deseo de sentirse superior, que no tolerará cosas tan mínimas como acudir a un baño público, recibir asistencia del gobierno, ser atendido en un centro de salud público o de bajos recursos, vivir en una zona de clase trabajadora o compartir sus pertenencias, pues siempre creerá que merece un mejor trato que todos los demás.

Existe un personaje llamado Rubí de la escritora mexicana Yolanda Vargas Dulché. Rubi es una chica sumamente bella, que pertenece a un estatus socioeconómico de clase baja, lo cual considera sumamente injusto, pues cree que ella merece mucho más de lo que tiene. Es bajo esta premisa, de que el mundo y la vida le deben algo, que es capaz de traicionar a su amiga, al hombre del cual se enamora, al hombre que la mano y a su propia familia, todo con tal de conseguir su objetivo, sin importar el daño que cause en el camino, ni las consecuencias que sus actos tendrán en la existencia de las personas que la quieren.

Si tú eres un narcisista, no seas como Rubí y, si eres un amigo, un familiar, una pareja de un narcisista que abusa de ti, corre, corre ahora mismo, lo más rápido que puedas y no mires hacia atrás. Sé que es difícil tomar distancia de una persona a la cual se quiere, es muy grande el miedo que embarga a una persona que está a punto de tomar distancia de alguien, además de un sentimiento de culpa o incluso esperanzas infundadas de que, quien le hace daño, va por fin a cambiar su patrón de conducta y sus hábitos, pero la verdad es que una persona puede cambiar, pero no sabemos cuándo y cómo habrá de hacerlo.

Es importante mostrar amor y comprensión a una persona que sufre de un trastorno que, quizás desconoce o no puede controlar, porque eso demuestra que quien lo hace es una buena persona, de alma caritativa y carácter amable, pero nunca, bajo ninguna circunstancia, hay que olvidar que a quien hay que mostrar más amor y comprensión es a nosotros mismos. No es egoísmo preocuparse por la propia estabilidad mental antes de querer ayudar a alguien más a conseguirla. No es narcisismo apreciarnos como personas a un nivel adecuado, para no permitir que alguien que se sienta el centro del mundo, se aproveche de nosotros. Antes de amar y cuidar a otra persona, siempre asegúrate de amarte y cuidarte a ti mismo.